高素质农民

素养与责任担当

◎ 李 广 杨中雄 杨 超 主编

中国农业科学技术出版社

图书在版编目(CIP)数据

高素质农民素养与责任担当/李广,杨中雄,杨超主编.---北京:中国农业科学技术出版社,2023.3
ISBN 978-7-5116-6120-3

Ⅰ.①高… Ⅱ.①李…②杨…③杨… Ⅲ.①农民-素质教育-中国 Ⅳ.①D422.6

中国版本图书馆 CIP 数据核字(2022)第 246687 号

责任编辑 周 朋
责任校对 马广洋
责任印制 姜义伟 王思文

出 版 者	中国农业科学技术出版社 北京市中关村南大街 12 号　邮编:100081
电　　话	(010)82106631(编辑室)　(010)82109702(发行部) (010)82109709(读者服务部)
网　　址	https://castp.caas.cn
经 销 者	各地新华书店
印 刷 者	北京地大彩印有限公司
开　　本	140 mm×203 mm　1/32
印　　张	5
字　　数	130 千字
版　　次	2023 年 3 月第 1 版　2023 年 3 月第 1 次印刷
定　　价	33.00 元

◄━━━ 版权所有·翻印必究 ━━━►

《高素质农民素养与责任担当》
编委会

主　编：李　广　杨中雄　杨　超

副主编：潘　键　王学军　晏　枫　李　俊

　　　　宋喜芳　贺　喻　杨　萌　王宝占

　　　　牛金红　刘孝明

前　　言

　　大力培育高素质农民、助力乡村人才振兴、发挥人才引领作用、促进农民科技文化素质整体提升，是全面推进乡村振兴、加快农业农村现代化的重要支撑。当前，全国各地紧紧围绕党中央、国务院关于乡村振兴和农业农村现代化的战略部署，大力实施高素质农民培育计划，创设各具特色的支持政策，创新培育模式和路径，培养了一批有文化、懂技术、善经营、会管理的高素质农民，为乡村全面振兴提供了有效人才支撑。

　　本书为适应高素质农民培训的需要，在实施乡村振兴战略背景下，从高素质农民的内涵、特征及类型出发，以高素质农民必备的素质、能力与责任为主要内容编写而成。本书共十章，分别为乡村振兴需要高素质农民、思想道德素养、政治素养、科学文化素养、信息素养、农业职业技能素养、经营管理素养、责任担当、贯彻新发展理念、建设幸福家园。本书内容丰富、条理清晰、语言简练，具有较强的可读性和实用性。

　　由于编者水平有限，编写时间仓促，书中难免存在不足之处，欢迎广大读者批评指正。

编　者

2022 年 11 月

目 录

第一章 乡村振兴需要高素质农民 (1)
  第一节 高素质农民的内涵 (1)
  第二节 高素质农民培育 (4)

第二章 思想道德素养 (9)
  第一节 弘扬社会公德 (9)
  第二节 恪守职业道德 (11)
  第三节 传承家庭美德 (14)
  第四节 建设个人品德 (17)

第三章 政治素养 (20)
  第一节 新时代中国特色社会主义理论 (20)
  第二节 弘扬爱国主义精神 (24)
  第三节 农民的政治参与 (27)

第四章 科学文化素养 (32)
  第一节 农民科学文化素养要求 (32)
  第二节 农民科学文化素养的现状 (33)
  第三节 提高科学文化素养的策略 (36)

第五章 信息素养 (38)
  第一节 信息素养概述 (38)
  第二节 收集农业信息 (42)
  第三节 正确运用市场信息 (45)
  第四节 发布农业生产经营信息 (48)

第六章　农业职业技能素养 (53)
 第一节　农业种植技术 (53)
 第二节　农业养殖技术 (62)

第七章　经营管理素养 (67)
 第一节　农业产业化经营 (67)
 第二节　农产品营销管理 (73)
 第三节　农产品质量安全管理与品牌建设 (90)

第八章　责任担当 (108)
 第一节　认清责任 (108)
 第二节　勇于担当 (110)

第九章　贯彻新发展理念 (113)
 第一节　创新体制机制 (113)
 第二节　优化调整产业结构 (117)
 第三节　坚持绿色发展 (123)

第十章　建设幸福家园 (128)
 第一节　改善人居环境 (128)
 第二节　实行有效治理 (132)
 第三节　完善公共服务 (142)

参考文献 (151)

第一章 乡村振兴需要高素质农民

第一节 高素质农民的内涵

一、高素质农民的概念

高素质农民主要是指具备良好职业素养、掌握一定文化知识、农业劳动生产率水平较高、自觉性与职责意识较强的现代化农业从业者。一般情况下,高素质农民是农业经营主体的骨干、领头人,是农业生产活动中的必需条件,是新技术引进与应用的先驱者。

二、高素质农民的特征

(一)有道德、懂法律

在道德方面,高素质农民符合社会公德、家庭美德等道德规范要求,能够继承和发扬尊老爱幼、勤劳朴实等优秀农村道德传统;在法律方面,高素质农民树立起了法治观念,自觉地学法、懂法、守法,并能主动拿起法律武器维护自身合法权益。

(二)有文化、懂技术

科技文化素质是高素质农民最应该具备的素质。

有文化是指高素质农民必须具备一定的文化知识基础和通过接受教育提高接受新知识和各种信息的能力。农民知识化进程的快慢，在很大程度上决定着现代农业和新农村发展步伐的快慢。农民的整体文化素质决定了农民对新技术、新思想的接受程度，决定了农民对农产品新品种、环保意识、食品安全意识、无公害农产品、标准化知识的接受能力，对农民市场经济知识与技能、经营能力和转岗能力有重大影响。

懂技术是指高素质农民必须了解一定的农业科学技术基础，接受过技能培训，有吸收和运用新技术的能力。只有掌握现代农业生产管理先进技术，懂得新技术、新品种、新装备，并传承"工匠"精神的高素质农民，才能真正让农民信服，才能带领农民共同致富，才能真正引领现代农业发展。

(三) 会经营、善管理

高素质农民应拥有先进的经营管理理念，能够从事专业化、标准化、规模化农业生产经营。

会经营、善管理是指高素质农民必须具备一定的适应市场经济发展的经营管理基础，以及有通过参与市场提高自身经营管理水平和适应市场经济的能力。高素质农民除了是生产者，还是投资者、经营者、决策者，同时也是市场风险和自然风险的承担者。实践证明，在市场经济日益发展的情况下，如果农民依然"面朝黄土背朝天""土里刨食"，则很难走上致富之路。"无农不稳、无工不富、无商不活"已经成为人们的共识，农民只有会经营，不断提高经营现代农业的水平，全方位拓展增收渠道，用工业的理念发展农业，推进农业生产经营向集约化、专业化、机械化发展，向标准化、信息化、产业化发展，才能实现致富的目标。

(四) 强体魄、树新风

年龄相对年轻、身体素质好是高素质农民的重要特征。他们拥有健康的体魄，积极活动，组织开展具有农耕趣味的健身活动,丰富农民精神文化生活,提升农民健康水平,增强农民获得感、幸福感、安全感。通过推动农村民间传统体育发展,大力弘扬中华民族优秀文化,引领带动乡村文明建设,树立良好乡风民风。

(五) 敢创新、能担当

带动小农户和农村低收入人群发展是高素质农民发挥示范引领作用最重要的体现,高素质农民应具有较强的自我发展能力,愿意带动小农户和农村低收入人群共同发展,在乡村振兴中积极贡献力量。

三、高素质农民的类型

从生产经营管理内容来看,高素质农民主要分为下列类型。

(一) 经营管理型高素质农民

经营管理型高素质农民是以农业生产经营方式为主,获取相应资金、报酬,在整个经营过程中发挥主导作用,带动农业生产活动开展并促进地区农业发展和经济水平提高的农民。经营管理型高素质农民管理能力强,具备创新意识与能力,在实践中能够运用专业知识、考虑市场发展实况等进行管理。

(二) 专业生产型高素质农民

专业生产型高素质农民是以岗位就业形式为主,通过自身积极参与农业生产活动获取相应报酬的农民。专业生产型高素质农民具备较强的专业技能,精通多个领域知识及生产技术等。

(三) 技能服务型高素质农民

技能服务型高素质农民是以自然人身份提供专业技术服务行为为主,在农业生产经营活动中获得营利性报酬。技能服务型高素质农民全面掌握了农业生产经营流程、各项规定和政策,持上岗证、技能证等。

第二节　高素质农民培育

一、培育对象和目标

（一）高素质农民培育对象

农业农村部印发的《高素质农民培育规范》中指出，高素质农民培育对象为年满16周岁，正在从事或有意愿从事农业生产、经营、服务的务农农民、返乡入乡创新创业者、乡村治理及社会事业服务等人员。

以经营管理型、专业生产型和技能服务型为目标导向开展培育。经营管理型重点培养新型农业经营和服务主体带头人、农业产业领军人才（农业企业家）、创新创业带头人、农业经理人和乡村治理带头人。专业生产型重点培养掌握现代农业生产技术并直接从事种植、养殖和农产品加工的高素质农业劳动者。技能服务型主要培养掌握专业知识技能的农业专业技术服务人员和乡村社会事业服务人员。

（二）高素质农民培育目标

聚焦乡村全面振兴和农业农村现代化人才需求，推动地方党委政府加大农民教育培训力度。以农民为中心，整体提高科技文化素质，以服务产业、注重质量、适度竞争、创新发展为原则，培养有文化、懂技术、善经营、会管理的高素质农民队伍，促进农业转型升级、农村持续进步、农民全面发展。

二、高素质农民培育的意义

培育高素质农民队伍，是乡村振兴战略背景下提出的新任务新要求，要深刻领会其重要意义。

（一）培育高素质农民是实施乡村振兴的迫切需要

实施乡村振兴战略，首先是人的振兴，是农民的振兴。《中共中央　国务院关于实施乡村振兴战略的意见》明确提出，要坚持农民主体地位，充分尊重农民意愿，切实发挥农民在乡村振兴中的主体作用。高素质农民具备较高的科技文化素质，在保证国家粮食安全、完成脱贫攻坚任务、全面深化农村改革、引领绿色农业发展、带动农民增收致富等方面发挥着重要作用，为产业振兴、文化振兴、生态振兴和组织振兴提供强有力的人才支撑，推动农业全面升级、农村全面进步、农民全面发展。

（二）培育高素质农民是加快农业现代化建设的必然要求

当前，我国农业发展已进入转变发展方式、优化经济结构、转换增长动力的关键期。高素质农民作为新产业新业态的先行者、新技术新装备的承接者、新型经营主体的实践者，他们积极发展休闲农业、创意农业、农村电商、农业综合体，促进一二三产融合发展，推动农业产业转型升级；广泛采用现代农业科技，加快科技成果转化应用，有效提升农业综合生产能力；创新发展模式，开展多种形式适度规模经营，有效提高农业经营集约化、规模化、产业化水平，全面推进产业体系、生产体系和经营体系构建，加快推进农业农村现代化进程。

（三）培育高素质农民是推动农村社会治理现代化的重要举措

高素质农民拥有较强的社区关系与组织关系，是国家政权在农村的阶层基础，是农村社会的润滑剂、缓冲器，其中，还有一批在农村富起来的新乡贤，他们能够把村里的社会经济组织整合起来，走上农村社区化和组织化的发展道路，推动农村实现社会治理秩序转型和农村社会治理现代化。

(四) 高素质农民是带动农民全面发展的主体力量

高素质农民是农民的优秀代表,是农民中最具发展活力的群体,代表着农民的未来发展方向。当前,大量社会资本向农村地区倾斜,一些龙头企业、工商资本等进入其不甚熟悉的农业领域,需要一大批爱农业爱农村、有文化懂技术、会经营善管理、强体魄树新风、敢创新能担当的高素质农民配合衔接,发挥其熟悉农业、热爱农村、关爱农民的优势,参与企业运行,在促进企业实现自身发展的同时更好地带动当地经济发展;可以创造更多就业机会,使更多农民分享到农业产业增值收益,更好地享受农业农村经济社会发展成果,提升农民的获得感、幸福感、安全感。

三、高素质农民培育的路径

高素质农民培育是一项复杂的系统工程,应充分发挥农民教育培训体系作用,整合利用优质教育培训资源,分层分类开展全产业链培训,强化教育培训质量效益提升,加强培育成果示范推广,发展壮大高素质农民队伍。

(一) 实施好高素质农民培育计划

确保培训任务及时落实到位,积极争取省级财政支持,扩大培训覆盖面。紧密围绕各地主导特色产业,开展种养、加工、销售全产业链培训,鼓励各地按产业开设专题班。根据人才发展需求分层开展培训,农业农村部主抓领军人才培训,省市抓好示范性培训和区域性培训,县级重点抓好生产管理服务和技能培训。依据农业生产季节合理设置培训时长,结合农时分段开展培训。坚持训育结合,强化培训后技术指导和跟踪服务,支持受训农民创办领办家庭农场、农民合作社等新型农业经营主体。

(二) 实施好百万乡村振兴带头人学历提升计划

加大高职扩招政策宣传力度,鼓励高素质农民报考职业院校，积极争取学费减免等补助政策，支持更多高素质农民提升学历层次。支持涉农高校探索定制定向培养模式，满足高素质农民提升学历的需求。鼓励农民参加继续教育，促进农民终身学习、持续更新知识能力。推进农民短期培训、职业培训和学历教育衔接贯通，探索建立农民学分银行。用好乡村振兴人才培养百所优质校资源，探索形成一批可复制推广的人才培养模式，鼓励省级农业农村部门推介本省人才培养优质校，聚集更多优质资源培养乡村振兴带头人。

(三) 优化高素质农民培育形式手段

根据培育对象和培训内容制订差异化的培训计划，综合采用课堂教学、实习实践、线上培训等多种培训形式，优选授课教师和精品教材，提高培训针对性和质量效果。依托国家现代农业示范区、现代农业产业园、产业强镇、对台农业园区、科技小院、农业企业、家庭农场和农民合作社等平台和基地设立实训基地，培养用好农民讲师，大幅提高实习实践在培训中的比重，生产技术培训以实训为主。依托全国农业科教云平台等在线学习平台，开展线上线下混合式教学和考核，鼓励农民自主学习。统筹用好区域内优质教育培训资源，提倡学优学先，本地资源不足时可开展跨区域学习交流。继续与妇联组织联合开展高素质女农民培训，与共青团组织联合开展乡村振兴青年先锋评选推介，与科协组织联合实施农民科学素质行动，推进融资担保培训，可根据实际需求开设专题培训班。

(四) 完善高素质农民培育体系

充分发挥农业广播电视学校（农民科技教育培训中心）高素质农民培育主力军作用，统筹用好高等院校、职业院校教育资源，鼓励优质公益性培育机构长期稳定承担培育任务。引导农业科研单位和农技推广机构为高素质农民提供技术培训和跟踪指导,鼓励农业企业、家庭农场、农民合作社等承担农民实习实训任务。有序引导社会机构参与高素质农民培育工作,强化过程监督和质量考核。建设专职师资队伍,选聘兼职讲师,培养农民讲师,建好用好共享师资库。支持科技特派团成员在对口联系县参与高素质农民培育工作。针对农民学习特点加强课程和教材建设,开发精品在线课程和多媒体教材。鼓励各地建设优质培训基地。

(五)示范推广高素质农民培育成果

积极申请高素质农民扶持政策,促进高素质农民更好发展。系统总结高素质农民培育工作好经验好做法,搭建各类成果展示和典型交流平台,办好农民教育培训论坛和农民技能大赛。指导农民专业技术协会、产业联盟等发挥作用,帮助高素质农民抱团发展、协作发展、互补发展。继续遴选推介优秀学员、优秀教师、优秀工作者,评选精品课程、优质教材和受欢迎培训机构,树立宣传先进典型,引导学优争先,积极弘扬"学习光荣、素质高贵、创造伟大"的时代风尚,在全社会营造关心支持高素质农民发展的良好氛围。

第二章 思想道德素养

第一节 弘扬社会公德

一、社会公德的主要内容

社会公德是社会生活中最简单、最基础、最普通的行为准则,是维持社会公共生活正常、有序、健康进行的最基本条件。因此,社会公德是全体公民在社会交往和公共生活中应该遵循的行为准则,也是作为公民应有的品德操守。2019年中共中央、国务院印发的《新时代公民道德建设实施纲要》明确提出,推动践行以文明礼貌、助人为乐、爱护公物、保护环境、遵纪守法为主要内容的社会公德,鼓励人们在社会上做一个好公民。

(一)文明礼貌

文明礼貌是人与人之间团结友爱和情感沟通的桥梁,表现为人们之间交往的一种和悦的语气、亲切的称呼、诚挚的态度,更表现为谈吐文明、举止端庄等。这些虽为日常小事,但对建设和谐友爱的乡村起着重要作用。当然,文明礼貌也随着时代和条件的变化而不断更新。

(二)助人为乐

助人为乐就是以关心他人、帮助他人为快乐之本。它体现了社会主义的人道主义精神,是为人民服务的具体体现。

生活在农村这个集体中的任何农民,都不可能脱离他人的帮助而存在,也不可能脱离他人的关心而生活。人与人之间需要相互依存、相互关心和帮助。当别人有困难时,要热情地伸出援助之手,急他人之所急,帮他人之所需;当看到他人发生摩擦、纠纷时,要积极调解,帮他人化干戈为玉帛;当看到他人有缺点或错误时,要给予批评和帮助,表达自己的关心和爱护之意。

(三) 爱护公物

公共财物包括一切公共场所的设施,它们是提高人民生活水平、使大家享有各种服务和便利的物质保证。爱护公物主要表现为:一要做到公私分明,不占用公家财物化为私有;二要爱护公共设施,使其能够为更多的人服务;三要敢于同侵占、损害、破坏公共财物的行为做斗争。

(四) 保护环境

农村区域占我国国土面积的绝大部分,农村环境的维护和保持是我国环境保护的重要内容。总体上而言,农村环境可以分成生活环境和农业生产环境两个部分。生活环境的保护涉及人居和家居环境的改善,以及生活区环境卫生的维护,主要靠人们良好的生活习惯和生活垃圾的妥善处理来维持。农业生产环境的保护主要涉及农业耕地质量和农用水源质量的保护,而耕地和水源质量的好坏和农业生产作业过程有着密切的联系,特别是农药、化肥等的过量施用需要引起农户特别的关注。在经济发展过程中不仅要"金山银山",还要"绿水青山",树立"保护环境,人人有责"的观念,努力养成有利于环境保护的生活习惯、行为方式,提高科学的农事作业技能。

(五) 遵纪守法

遵纪守法是指遵守纪律和法律,它是保证社会健康有序发展的基础。对于个人来说,能够自觉维护公共场所秩序,有纪律观念和法律意识，体现了他的道德风貌。

对于农民来说，遵纪守法就是要增强法治意识，维护宪法和法律权威，学法、知法、用法，执行法规、法令和各项行政规章；就是要遵守公民守则、乡规民约和有关制度；就是要见义勇为，敢于同违反法律法规和各种纪律的行为作斗争。

二、弘扬社会公德，争做社会好公民

对于农民来说，要自觉践行社会主义核心价值观，大力弘扬社会公德，将文明礼貌、助人为乐、爱护公物、保护环境、遵纪守法等融入行为中，以实际行动争做文明言行的实践者和传播者。不说粗话脏话，不随地吐痰，不在公共场所吸烟，不大声喧哗；不庸俗上网，不损坏公物，不乱扔杂物，不乱贴乱画，不乱停乱放；文明用餐，杜绝浪费；文明出行，注重礼让，不乱穿马路，不酒后驾驶，不踩踏草坪；文明养宠，遛狗牵绳，宠物粪便及时清理。

第二节 恪守职业道德

一、职业道德的主要内容

职业道德是指适应各种职业的要求而必然产生的道德规范，是社会占主导地位的道德或阶级道德在职业生活中的具体体现，是人们在履行本职工作过程中所应遵循的行为规范和准则的总和。2019年中共中央、国务院印发的《新时代公民道德建设实施纲要》明确提出，推动践行以爱岗敬业、诚实守信、办事公道、热情服务、奉献社会为主要内容的职业道德，鼓励人们在工作中做一个好建设者。

(一) 爱岗敬业

爱岗敬业，即从业者热爱自己的本职工作，以正确的态度对待自己的岗位工作，在职业活动中尽职尽责、兢兢业业、忠于职守。它是我国社会主义职业道德的一条基本规范，是对各行各业从业者职业道德的一种普遍要求。

爱岗敬业就要做到乐业、勤业、精业。乐业就是要求我们苦中作乐。从事农业生产是一项很辛苦的工作，要慢慢地从农业生产中寻找快乐。勤业要做到"四勤"，即腿勤、手勤、眼勤、脑勤。精业是指精通专业，通常是农民技术能力的体现。

很多人往往无法改变自己的工作岗位，但可以改变其对所从事职业岗位的情感和态度，形成优良的职业道德品质。在工作中，树立干一行爱一行、专一行的理念，发挥自己的才能，促进事业的成功。

(二) 诚实守信

诚实守信是指从业者在履行岗位职责的过程中诚实劳动、讲求信誉。诚实劳动，即从业者在职业活动中以诚实的态度对待自己的劳动和工作。讲求信誉，即从业者在职业活动中做到实事求是、诚实守信，对工作精益求精，注重产品质量和服务质量，从人民的利益出发，忠诚地履行自己承担的职责。

对于农民来说，提供质量安全有保证的农产品是对整个社会最为基本的信用，也是农民职业道德的重要要求。在市场经济高度发达的今天，很多农民因为眼前利益而失去了信用，如瓜果蔬菜中农药化肥过量使用、牲畜养殖中抗生素滥用、农产品加工中化学化工品滥用等。失信违约普遍会在一定程度上扰乱社会的合理秩序，加剧全社会对农产品质量安全的担忧，最终还会引起对于行业整体的质疑，使其深陷严重的信任危机之中。

第二章 思想道德素养

(三) 办事公道

办事公道是指在职业活动中做到公平公正、不谋私利、不徇私情、不假公济私。也就是说,做事要讲原则,不管对人对己都要坚持实事求是,站在公正的立场上,按照同一标准办事。要做到办事公道、坚持原则、不徇私情,肯定会承受来自各个方面的压力和各种干扰。农民朋友要采取灵活策略,不计较个人得失,不怕权势。

(四) 服务群众

服务群众,是指从业者不管从事何种职业,身处什么岗位或地位,都要为广大人民群众竭诚服务。其基本要求是:从业者在从事职业活动时文明服务,谈吐文雅、举止大方、礼貌待人,对人民态度热忱;自觉抵制不正之风,服务热情周到,讲究服务质量。

文明社会之一的标志应是"我为人人,人人为我",这种互相服务的和谐的人际关系,对整个社会的精神面貌和社会风气有重大的影响。而每个从业人员的服务精神,会直接影响社会风气和文明程度。

(五) 奉献社会

人生价值主要是通过自己的本职工作体现出来的,而奉献社会则是人生价值的真谛所在。在社会主义市场经济条件下,奉献精神自然是社会正常运转的内在需要,是社会主义职业道德不可缺少的内容。奉献社会,即农民要把自己的全部智慧和力量投入到为社会、集体、他人的服务之中。基本要求是:正确认识、对待和处理从业者自身利益和社会利益的关系、经济效益和社会效益的关系,把行为的动机、效果统一起来,自觉地为社会作贡献。

市场经济是以商品交换为核心的经济形态。人们既是生产者又是消费者，任何人都无法生产出自家所需要的所有产品，都要通过交易行为取得生产和生活必需品。在农产品中，食品是人们不可缺少的生活必需品，关系到亿万人的健康和幸福。因此，对农民朋友来说，恪守职业道德非常重要。其中，爱岗敬业、诚实守信是对农民职业道德的基础性和基本要求，达不到这两项要求，都很难履行好岗位职责并求得自身的生存与发展。

二、恪守职业道德，争做优秀建设者

对于农民来说，要将爱岗敬业、诚实守信、办事公道、热情服务、奉献社会等印刻到农业生产中，热爱农业，以农为荣，搞好农业生产，努力为农业现代化奋斗；学习文化科学知识，掌握现代的农业科学技术，做到科学种田，保护土地、山林水利等农业资源，发展现代农业；热爱集体，兼顾国家、集体和个人的利益，团结互助，共同富裕；勤俭节约，艰苦奋斗，移风易俗，美化家乡，建设社会主义新农村；培养务农光荣、务农自豪的职业道德感。

第三节 传承家庭美德

一、家庭美德的主要内容

家庭是以婚姻和血缘关系或收养关系为基础的社会生活组织，是人类社会、国家，乃至每个村庄的最基本的组织单位和经济单位。家庭美德是每个公民在家庭生活中应该遵循的行为准则，涵盖了夫妻、长幼、邻里之间的关系。家庭生活与社会生活有着密切的联系，正确对待和处理家庭问题，共同培养和发展夫妻爱情、长幼亲情、邻里友情，不仅关系到每个家庭的美满幸福,也有利于社会的安定和谐。2019年中共中央、国务院印发的《新时代公民道德建设实施纲要》明确提出,推动践行以尊老爱幼、男女平等、夫妻和睦、勤俭持家、邻里互助为主要内容的家庭美德,鼓励人们在家庭里做一个好成员。

(一) 尊老爱幼

尊老爱幼是指尊敬长辈、爱护晚辈,它是中华民族的传统美德,是人类敬重自己的表现。尊老爱幼不仅要求尊敬自己的长辈、爱护自己的子女,也要求尊敬别的老人、爱护其他年幼的孩子。对于农民来说,在生活中要懂得感恩自己的长辈,关心他们的身体和生活,为他们提供相应的物质生活条件,照料老人的日常生活起居;还要关心年幼的孩子,为他们提供力所能及的帮助,让他们快乐生活,健康成长。

(二) 男女平等

男女平等是指在家庭生活的各个方面,女子和男子均人格独立、地位平等,享有同等的权利和义务。要摒弃"重男轻女"的传统思想,使男女享有同等的教育、就业及财产等方面的权利。

(三) 夫妻和睦

在现代社会,夫妻关系已日益成为家庭关系中的主轴,夫妻之间的婚姻质量也日益上升为家庭生活质量的决定性因素。因而,夫妻和睦的美德建设,是经营好一个家庭的基础。这种美德,主要体现在尊重对方的人格和情感,尊重对方的个性与发展意愿。这种尊重在日常生活中具体表现为夫妻间的相互帮助、相互信任、相互理解。夫妻和睦的美德,还表现在夫妻间的相互给予和奉献。道德的婚姻不是相互占有,而是平等的结合;恩爱的夫妻不是相互索取,而是无私地给予和奉献。

(四) 勤俭持家

勤俭即勤劳节俭。勤劳是指努力劳作,不怕辛苦,尽力多做事；节俭是对消费加以节制，不奢侈浪费。勤俭是家庭兴旺的保证，也是社会富足的保证。勤俭持家、勤劳致富是中华民族的传统美德。对于农民来说，既要做到不断提升农业技能，勤劳致富，又要做到量入为出、节约开支。

（五）邻里互助

邻里和谐是人们共同关心、企盼的一件事。邻里和谐不仅会影响到居家生活环境，也是社会和谐与文明不可缺少的组成部分。邻里和睦，见面客客气气，有事相互帮忙，就能融洽相处、亲如一家，给人带来方便和快乐。相反，邻里感情冷淡、关系紧张，就会影响到自己的好心情，给生活和工作带来不利。

在日常生活中，农民朋友要自觉照顾左邻右舍。在邻居发生困难时，要主动伸出援助之手，在邻居有人生病时，要主动问候、探望，必要时帮助其去医院诊治；在邻居遭遇危难时，要见义勇为，挺身而出，勇敢地前往支援解救。

邻里之间难免会有种种误会、纠葛，正确的处理方法是互谅互让、严于律己、宽以待人，各自多作自我批评。当然，对那些不讲道理、胡搅蛮缠的邻居的不合理要求和做法，也不必无原则地迁就，可以摆事实、讲道理，使之分清是非，还可以通过双方都信任的中间人从中沟通，或通过村民委员会、派出所出面解决问题，防止矛盾升级、打架斗殴、结怨生仇。

二、传承家庭美德，争做家庭好成员

家庭是社会的基本细胞，是道德养成的起点。对于农民来说，要将尊老爱幼、男女平等、夫妻和睦、勤俭持家、邻里互助等体现在日常生活中，以孝敬亲情和睦家庭，以明理贤德教化子女，以诚信友善融洽邻里，以良好家风沁润社会，让美德植根每个家庭成员心灵，以万千家庭好家风支撑起全社会好风气。

第四节　建设个人品德

一、个人品德的主要内容

个人品德是指人类个体以心理活动形式表现出来的道德观念、道德情感、道德行为和道德品质。个人品德与社会公德、职业道德、家庭美德是紧密联系的。一个品德高尚的人，无论是在工作单位，还是在社会和家庭中都会是一个好成员；一个品德低下的人，就可能做出有损于社会、家庭和他人的不道德行为。不管是社会公德、职业道德还是家庭美德，都是一个人的个人品德在不同场合下，因不同角色担当的表现。2019年中共中央、国务院印发的《新时代公民道德建设实施纲要》明确提出，推动践行以爱国奉献、明礼遵规、勤劳善良、宽厚正直、自强自律为主要内容的个人品德，鼓励人们在日常生活中养成好品行。

（一）爱国奉献

爱国奉献是新时代奋斗者的自觉价值追求。对每一个中国人来说，爱国奉献是本分，是职责，是心之所系、情之所归。爱国，是中华民族根植最深、影响最久的精神品质，深刻影响着一代又一代中国人的精神世界，影响着国家发展和民族进步。

（二）明礼遵规

明理遵规是个人品德的内涵和格局要求。应懂得相应的礼仪，让自己成为彬彬有礼、知书达理的人。要遵守相应的规章制度，不触犯相应的规章制度。倘若没有纪律的规范，各项秩序就无从保证，人们生存、发展的环境就会遭到破坏，人民群众就不可能安居乐业。明理遵规是现代社会公民的基本素质和义务，是保持社会和谐安宁的重要条件。

(三)勤劳善良

勤劳善良是个人品德最基本的涵养途径。自古及今，人们幸福美好的生活都是由劳动创造的。一个人在事业上的成就，最重要的就是竭尽全力、持之以恒地不断地努力，辛勤地劳动和扎实地工作。心存良善之人，在他人有了困难时，会及时解急救难、雪中送炭；受到他人帮助时，也会心怀感激，而不存讹诈之意；会对他人的缺点给予体谅，而不是一味地斥责；对他人的优点会虚心学习，而不是一味地嫉妒。善良是对人类大善之爱的续写和人性温暖的相互传递，在人性蕴藏的情愫里，最柔软又最有力量。

(四)宽厚正直

宽厚正直是个人品德的外在表现。在处理人际关系、待人接物等方面，要懂得宽容厚道，不刻薄，能容人。正直是人类的一种优秀品德，也是人类社会对个体性格的一种理想追求。做人要正直、做事要正派，堂堂正正、公公正正才是立身之本、处世之基。

(五)自强自律

自强自律是个人品德的一种内在性要求。生活从不眷顾因循守旧、满足现状者，从不等待不思进取、坐享其成者，而是将更多机遇留给勇于自强和善于自律的人们。自强者胜，自律者强。自律，要求个人不仅要有自控的决心，还要有坚定的毅力，甚至要付出一定的代价和牺牲。自律一般包含自我改造、自我约束和自我监督3个方面。没有自律，自强的目标再远大也无法真正落地。

二、建设个人品德，争做社会好榜样

建设个人品德，要将爱国奉献、明礼遵规、勤劳善良、宽厚正直、自强自律等融入个人魅力，以实际行动关爱空巢老人、留守儿童、农民工和残疾人等弱势群体，积极主动地进行自我教育、自我启发、自我激励，坚忍不拔、脚踏实地、持之以恒地进行道德修养；学会自知自胜、自我扬弃，正确地认识和评价自己，发扬成绩，克服不足。

第三章 政治素养

第一节 新时代中国特色社会主义理论

一、中国特色社会主义理论体系

中国特色社会主义理论体系是指导党和人民实现中华民族伟大复兴的正确理论，是立于时代前沿、与时俱进的科学理论。中国特色社会主义理论体系，就是包括邓小平理论、"三个代表"重要思想、科学发展观、习近平新时代中国特色社会主义思想在内的科学理论体系。

中国特色社会主义理论体系扎根于改革开放和社会主义现代化建设的伟大实践之中，符合全体中国人民根本利益，顺应当今世界和当代中国发展潮流，具有鲜明的科学性和真理性，是指导党和人民实现中华民族伟大复兴的正确理论。中国特色社会主义理论体系的精髓是解放思想、实事求是、与时俱进、求真务实。解放思想、实事求是是马克思主义思想路线的本质要求，是中国特色社会主义理论体系的精髓。把马克思主义普遍真理和我国具体实际结合起来，走自己的路，发展中国特色社会主义。解放思想是发展中国特色社会主义的一大法宝，与时俱进是马克思主义的理论品质，求真务实是党的思想路线的核心。这一理论丰富和发展了马克思辩证唯物主义和历史唯物主义哲学思想。

二、习近平新时代中国特色社会主义思想

习近平新时代中国特色社会主义思想是马克思主义中国化最新成果，是中国特色社会主义理论体系的重要组成部分，是全党全国人民为实现中华民族伟大复兴而奋斗的行动指南。"十个明确"和"六个坚持"构成了习近平新时代中国特色社会主义思想的丰富内涵和基本方略。

（一）"十个明确"

党的十九届六中全会审议通过《中共中央关于党的百年奋斗重大成就和历史经验的决议》，以"十个明确"对习近平新时代中国特色社会主义思想的核心内容进行了系统概括。

一是明确中国特色社会主义最本质的特征是中国共产党领导，中国特色社会主义制度的最大优势是中国共产党领导，中国共产党是最高政治领导力量，全党必须增强"四个意识"、坚定"四个自信"、做到"两个维护"。

二是明确坚持和发展中国特色社会主义，总任务是实现社会主义现代化和中华民族伟大复兴，在全面建成小康社会的基础上，分两步走在本世纪中叶建成富强民主文明和谐美丽的社会主义现代化强国，以中国式现代化推进中华民族伟大复兴。

三是明确新时代我国社会主要矛盾是人民日益增长的美好生活需要和不平衡不充分的发展之间的矛盾，必须坚持以人民为中心的发展思想，发展全过程人民民主，推动人的全面发展、全体人民共同富裕取得更为明显的实质性进展。

四是明确中国特色社会主义事业总体布局是经济建设、政治建设、文化建设、社会建设、生态文明建设五位一体，战略布局是全面建设社会主义现代化国家、全面深化改革、全面依法治国、全面从严治党四个全面。

五是明确全面深化改革总目标是完善和发展中国特色社会主义制度、推进国家治理体系和治理能力现代化。

六是明确全面推进依法治国总目标是建设中国特色社会主义法治体系、建设社会主义法治国家。

七是明确必须坚持和完善社会主义基本经济制度，使市场在资源配置中起决定性作用，更好发挥政府作用，把握新发展阶段，贯彻创新、协调、绿色、开放、共享的新发展理念，加快构建以国内大循环为主体、国内国际双循环相互促进的新发展格局，推动高质量发展，统筹发展和安全。

八是明确党在新时代的强军目标是建设一支听党指挥、能打胜仗、作风优良的人民军队，把人民军队建设成为世界一流军队。

九是明确中国特色大国外交要服务民族复兴、促进人类进步，推动建设新型国际关系，推动构建人类命运共同体。

十是明确全面从严治党的战略方针，提出新时代党的建设总要求，全面推进党的政治建设、思想建设、组织建设、作风建设、纪律建设，把制度建设贯穿其中，深入推进反腐败斗争，落实管党治党政治责任，以伟大自我革命引领伟大社会革命。

（二）"六个坚持"

"六个坚持"是在新时代伟大斗争实践中形成的，是习近平新时代中国特色社会主义思想的精髓和灵魂，深刻揭示了习近平新时代中国特色社会主义思想根本的政治立场、彻底的理论品格、独有的精神气质和科学的思想方法。

一是必须坚持人民至上。人民性是马克思主义的本质属性，党的理论是来自人民、为了人民、造福人民的理论，人民的创造性实践是理论创新的不竭源泉。一切脱离人民的理论都是苍白无力的，一切不为人民造福的理论都是没有生命力的。我们要站稳人民立场、把握人民愿望、尊重人民创造、集中人民智慧,形成为人民所喜爱、所认同、所拥有的理论,使之成为指导人民认识世界和改造世界的强大思想武器。

二是必须坚持自信自立。中国人民和中华民族从近代以后的深重苦难走向伟大复兴的光明前景,从来就没有教科书,更没有现成答案。党的百年奋斗成功道路是党领导人民独立自主探索开辟出来的,马克思主义的中国篇章是中国共产党人依靠自身力量实践出来的,贯穿其中的一个基本点就是中国的问题必须从中国基本国情出发,由中国人自己来解答。我们要坚持对马克思主义的坚定信仰、对中国特色社会主义的坚定信念,坚定道路自信、理论自信、制度自信、文化自信,以更加积极的历史担当和创造精神为发展马克思主义作出新的贡献,既不能刻舟求剑、封闭僵化,也不能照抄照搬、食洋不化。

三是必须坚持守正创新。我们从事的是前无古人的伟大事业,守正才能不迷失方向、不犯颠覆性错误,创新才能把握时代、引领时代。我们要以科学的态度对待科学、以真理的精神追求真理,坚持马克思主义基本原理不动摇,坚持党的全面领导不动摇,坚持中国特色社会主义不动摇,紧跟时代步伐,顺应实践发展,以满腔热忱对待一切新生事物,不断拓展认识的广度和深度,敢于说前人没有说过的新话,敢于干前人没有干过的事情,以新的理论指导新的实践。

四是必须坚持问题导向。问题是时代的声音,回答并指导解决问题是理论的根本任务。今天我们所面临问题的复杂程度、解决问题的艰巨程度明显加大,给理论创新提出了全新要求。我们要增强问题意识,聚焦实践遇到的新问题、改革发展稳定存在的深层次问题、人民群众急难愁盼问题、国际变局中的重大问题、党的建设面临的突出问题,不断提出真正解决问题的新理念新思路新办法。

五是必须坚持系统观念。万事万物是相互联系、相互依存的。只有用普遍联系的、全面系统的、发展变化的观点观察事物，才能把握事物发展规律。我国是一个发展中大国，仍处于社会主义初级阶段，正在经历广泛而深刻的社会变革，推进改革发展、调整利益关系往往牵一发而动全身。我们要善于通过历史看现实、透过现象看本质，把握好全局和局部、当前和长远、宏观和微观、主要矛盾和次要矛盾、特殊和一般的关系，不断提高战略思维、历史思维、辩证思维、系统思维、创新思维、法治思维、底线思维能力，为前瞻性思考、全局性谋划、整体性推进党和国家各项事业提供科学思想方法。

六是必须坚持胸怀天下。中国共产党是为中国人民谋幸福、为中华民族谋复兴的党，也是为人类谋进步、为世界谋大同的党。我们要拓展世界眼光，深刻洞察人类发展进步潮流，积极回应各国人民普遍关切，为解决人类面临的共同问题作出贡献，以海纳百川的宽阔胸襟借鉴吸收人类一切优秀文明成果，推动建设更加美好的世界。

第二节　弘扬爱国主义精神

一、爱国主义的基本内涵

爱国主义体现了人们对自己祖国的深厚感情，揭示了个人对祖国的依存关系，是人们对自己家园以及民族和文化的归属感、认同感、尊严感与荣誉感的统一。它是调节个人与祖国之间关系的道德要求、政治原则和法律规范，也是中华民族精神的核心。每个人来到这个世界，都要在社会中生存，都要获取生存发展的物质条件，都要寻求慰藉心灵的精神家园，这一切首先得之于祖国。爱国是每个人都应当自觉履行的责任和义务，是对祖国的报答。

二、爱国主义的基本要求

（一）爱祖国的大好河山

祖国的河山在人们心中占据着至高无上的地位。祖国的山山水水滋养哺育着她的子子孙孙。"禾苗离土即死，国家无土难存"，祖国的大好河山，不只是自然风光，还是主权、财富、民族发展和进步的基本载体。因此，每一个爱国者都会把"保我国土""爱我家乡"、维护祖国领土的完整统一，作为自己的神圣使命和义不容辞的责任。

（二）爱自己的骨肉同胞

对骨肉同胞的爱，反映的是对整个民族利益共同体的自觉认同。中华民族的利益是我国各民族人民的共同利益、长远利益和最高利益，这种利益高于各个民族内部的、局部的、暂时的利益。爱自己的同胞就是爱人民群众。对人民群众感情的深浅程度，是检验一个人对祖国忠诚程度的试金石。爱自己的骨肉同胞，最主要的是培养对人民群众的深厚感情，始终紧紧地同人民群众站在一起。

（三）爱祖国的灿烂文化

文化传统常常被称为国家和民族的胎记，是一个国家民族得以延续的精神基因，是培养民族心理、民族个性、民族精神的摇篮，是民族凝聚力的重要基础。在现实生活中，人们或许会彼此隔绝，但对祖国灿烂文化和历史传统的认同总会把彼此的心连在一起，爱祖国的灿烂文化，要认真学习和真正了解祖国的历史，从中理解祖国优良的历史文化传统。

总之,爱国主义是历史的、具体的,在不同的历史条件和文化背景下所形成的爱国主义,总是具有不同的内涵和特点。爱国主义的丰富性和生命力,正是通过它的历史性和具体性来表现的。

三、高素质农民的爱国主义精神

高素质农民的爱国主义精神主要表现在如下3个方面。

(一) 懂农业

农业是国民经济的基础。农民世世代代劳动、生息、繁衍在农村,从事着农业生产,他们依靠自己勤劳的双手,发展生产、扩大经营、战胜灾害、克服困难,为国家提供了大量的粮食和农副产品,为工业的发展提供原料、劳动力和资金,奉献社会,奉献人民。高素质农民要了解中国农业的现状,并能认识到扎根农业、从事农业、干好农业,是一项光荣而崇高的事业,从而树立发展农村经济的主人翁的责任感和事业心。

在农业生产中,要保护好自然环境,杜绝乱砍滥伐,防止水土流失,发展生态农业、可持续农业,提高地力,建设生态文明,促进农业可持续发展,争向国家多作贡献,向国家提供更多的粮食、更安全的农产品。这是高素质农民最大的爱国主义体现。

(二) 爱农村

农村是一个广阔的天地。高素质农民只有从情感深处和责任担当上体现出对农村的挚爱,才能从思想上重视农村的建设和发展。高素质农民应该喜欢农村生活,热爱农村,安身安心安业,甘于奉献、苦干实干,真正从行动上全面推进我国的美丽乡村建设。

(三) 爱农民

爱农民就是对农民群众充满感情、始终放在心上,把农民群众的利益摆在第一位,与农民群众想在一起、干在一起,不断创造美好生活。农民问题一直是"三农"问题的核心,要想真正解决"三农"问题,必须彻底解决农民遇到的发展难题。要想全面建成小康社会,解决农民面临的各种难题,需要我们打造一支真正"爱农民"的高素质农民队伍,让他们将农民当成自己的亲人,在为农民服务中增进感情,在破解农民难题中彰显精神品格。

第三节 农民的政治参与

一、农民政治参与的内涵

农民政治参与主要包括两个层面的意思。第一,主体是农民。他们生活在农村并长期从事着农业生产和农业活动。第二,农民参与的活动必须带有政治特点。综上,农民的政治参与是指生活在农村并长期从事农业的人通过参与政治活动,采用一定的方式和渠道,表达自身的利益和诉求,影响政府政治决策,监督政府的公务,从而维护自身利益的行为。这是农民政治权利实现的重大体现,更是乡村政治关系的本质反映。

二、农民政治参与的现状

(一) 农民政治参与取得的成绩

1. 农民政治参与的目的性明确

城镇化进程的快速推进改变了传统乡土社会的利益分配格局,影响着农民的政治参与。农民对基层协商民主寄予厚望,他们希望能够依靠新型的社会治理方式维护自身利益。在农村土地流转、公共设施建设、征地拆迁等活动中通过自身的参与去博取更多的利益,其基于利益诉求的政治参与意愿不断增强。从某种程度上说,农民的政治参与目的性非常明确:当讨论事项涉及自身利益时,表达自身诉求的欲望会较为强烈;而当不涉及自身利益时,只会偶尔出于公心发表意见。农民在一次次政治参与中,深切感受到政治权利与经济利益的相互交织,能通过行使自身政治权利给自己带来经济效益。

2. 农民政治参与形式多样

我国广大农村地区在推行基层民主制度的过程中,充分结合各地区实际情况,将农村基层民主与本地实际相结合,探索出丰富多样的基层民主实践模式。

以民主听证制度和村民议事制度最具有代表性。民主听证制度重在保障农民的知情权,村两委将有关议题信息在召开听证会之前向农民公布,积极鼓动农民参与听证,并邀请乡镇政府工作人员、相关领域的专家参与听证,保证参与主体的多元化。在听证过程中农民可以就不明了的问题向村干部进行询问,确保农民能够全程参与协商决策过程,极大地提高了农民的参政积极性。村民议事制度重在保障农民的决策权,由普通的村民通过村民投票选举组成议事会,保证决策体现多数村民的意愿,维护大多数农民的切身利益。

3. 农民政治参与程序日益规范

传统乡村治理中,农民极少关注村级治理,而将时间和精力更多用于农业生产。随着国家法治不断推进,民主治理理念不断深入,出于维护自身利益、试图了解村级发展的情况等诉求,不少农民逐渐融入基层治理中。各级政府为回应基层群众的政治参与需求,依据《中华人民共和国村民委员会组织法》《中华人民共和国农村土地承包法》及各个时期农村政策法规等,相继出台保障农民政治参与权利的制度,这些制度是农民政治参与法治化的地方版本。乡村通过制定村规民约、村民议事规程、村务公开、村务监督等制度,通过制度化的渠道使更多农民进入村级事务治理中。虽然这种以制度规范村民政治参与行为的模式并不是完全意义上的法治化,其实质是通过制度将法治内容乡土化,符合乡村实际,是农民政治参与法治化的有效形式。

(二) 农民政治参与存在的问题

1. 农民政治参与热情不高

一方面,大多数农民受教育程度不高,缺乏主体意识和较强的社会责任感,民主法治意识淡薄,认为涉及村民公共利益的事与自己没有太大的关系,都是村干部应该管的事,个人只需要服从安排就行,因此部分农民参政议政的热情不高;另一方面,有些村干部受传统官本位思想影响较深,忘了人民公仆的身份,认为自己是村里的"官",利用民众赋予的职权忽视村民的公共利益,左右公共决策,出现办事不公道正派、不清正廉洁的现象。导致部分村民认为自己参与或不参与村务管理无所谓,不参与公共事务的决策,对最终结果没有影响或影响不大。

2. 农民政治参与能力不强

党和政府一直十分关心"三农"问题,党的十八大以来,农村经济得到快速发展,但是与城市发展相比,农村发展仍处于十分落后的境地,农村的教育水平也远远滞后于城市。受经济、教育等多重因素的制约和影响,农民所掌握的政治知识和政治技能不高,不关注政治生活,政治参与的能力不强,不能有效表达其利益诉求,这些问题直接影响农民的有效政治参与。

3. 具体制度不健全

目前,我国并没有一套完整的法律体系对候选人资格审查进行明确规定。这样,一些素质不高的人也会通过非法渠道当选,不能保障农民利益。同时,对村民竞选经费和选举纠纷也未做明确规定，因此，在选举中，有的基层干部也会虚报经费，造成资源浪费。面对选举纠纷时，一些人群会掌握操纵权，使结果不能公平、公正。

三、高素质农民应具备的政治素养

（一）树立政治意识

政治意识作为政治领域的精神现象，是政治生活和政治活动的心理反映，是人们在特定的社会条件下形成的政治态度、政治情怀、政治认识、政治习惯和政治价值的复合存在形式，它构成政治系统的基础和环境，是政治的隐性结构。政治意识作为隐藏在人们政治行为背后的无形的精神力量，无时无刻不在影响着人们的政治判断和政治决策。高素质农民应具有较强的政治参与意识，即以主人翁的姿态，通过各种合法方式参与国家的政治生活和农村的各项社会事务，并能在各项活动中较准确地分辨是非，不盲目听从他人的鼓动，有自己的政治见解。高素质农民还要有鲜明的民主权利意识，懂得如何行使自己的民主权利，把农村的基层民主建设好。

（二）学习政治知识

历史上，中国农民与政治基本上是无缘的。新中国成立后，国家通过一系列政策、制度和法规大幅度提高了农民的社会地位。在党和政府的关心和重视下，农民的主人翁责任感大大增强。他们积极响应和支持党和政府的方针政策，关心国家大事，参与民主管理活动，政治法律素质有了明显提高。但是我们也必须清醒地认识到，就总体而言，中国农民的政治知识比较缺乏。乡村振兴要求广大村民必须熟知我国现行的政治制度和政治体制；了解党在农村的各项方针政策，并能做出自己的理解和评价；了解有关村民自治制度的具体内容，以便能积极参与村民自治的实践；了解自己所拥有的政治权利、应承担的政治责任，以及通过什么样的方式和渠道参政议政等，以便更好地参与农村的政治生活。

（三）提升政治参与能力

政治参与是公民自愿通过各种合法方式参与国家政治生活的行为，其行为特点带有自愿性和选择性。实施乡村振兴战略，需要全体村民发挥自己的聪明才智，积极投身于各种政治活动中，凭借自己所掌握的政治知识对村里的大小事务做出及时、准确的判断和选择，并通过适当的形式将自己的政治意愿和要求清楚地表达出来，表明自己的政治立场，亮明自己的政治观点，为村庄的政治发展尽力。

（四）合理表达政治诉求

农村政治事务无论大小都涉及每一位农民的切身利益，不可避免地会与他人或乡镇政府发生这样或那样的矛盾冲突。当自己的政治权益受到不法侵害时，应运用适当的方法和技巧，将矛盾化解在萌芽状态，达成自己的政治诉求。

第四章 科学文化素养

第一节 农民科学文化素养要求

一、科学文化素养的内涵

农民科学文化素养是指农民所具备的科学文化知识,以及对科学技术的认识、接受和运用能力等方面的素质。科学文化素养通常反映农民接受文化科技知识教育的程度,掌握文化科技知识量的多少、质的高低以及运用于农业生产实践的熟练程度。在现代社会,科学文化素养在农民整体素质中起着主导性作用。

农民的科学文化素养直接影响着科技成果在农业生产中的转化和应用,从而决定了农业现代化的进程。只有提高农民的科学文化素养,才能真正解决"三农"问题,才有可能实现我国农业和农村的现代化。科学文化素养的提高还是农民物质上脱贫致富的重要途径,也是农民精神生活脱贫致富的根本保障。农民科学文化素养的高低,很大程度上反映着农业生产水平的高低,直接影响着农民走向富裕的进程与途径。

二、科学文化素养要求

(一)科学素养要求

对于高素质农民来说,对其科学素养的要求是:了解科学技术知识、懂得科学方法；基本了解自然界和社会之间的关系；能够认识到科学技术、科学方法的作用，能够运用科学方式和思维方式方法来处理日常生活中的困难和问题；掌握相应的基础农业科学，通过在生产活动中对科技成果的应用，如无人机植保技术，最终将科技成果转化为劳动力。

（二）文化素养要求

一个人的文化素养的高低一般由其文化基础的高低来决定。文化基础一般由其受教育程度来衡量。相对来说，一个人的学历越高，其文化基础相应也越好。对于高素质农民来说，"有文化"是最基本的素养要求，文化基础决定其接受和消化科学信息的能力，决定其不断发展和提升的能力。因此，对高素质农民来说，设立最基本的文化基础要求是必需的。在高素质农民培育课题的相关研究和实践中，人们普遍认为高素质农民必须接受良好的中等或高等教育。对于大多数未来劳动力来说，接受良好的中等或高等教育（至少是中等教育），具备与所从事职业相适应的文化知识水平，除相对偏远和欠发达地区外，就我国目前的农村教育条件来说，总体上都可以成立。

第二节 农民科学文化素养的现状

一、农民科学文化素养取得的成绩

我国对农村科普工作一直高度重视，农村科普一直是我国科普事业的重要方面。近年来，我国在农村地区组织开展了大量的科普行动与工程，推广农业新技术、卫生知识，使广大农民的身体素质以及劳动技能都大大提高。有效遏制各类陈规陋习，抵制封建迷信活动，提高了农村的文明程度。科学对农民的观念和行动产生了越来越深入的影响。

农民科学素质提升行动有效支撑了脱贫攻坚，尤其是党的十八大以来，坚持扶贫与扶志扶智相结合，针对贫困地区突出存在的科技和人才短板，扎实推进科技扶贫工作，不断增强贫困地区的内生动力和自我增长能力。现代青年农场主培养计划、科技扶贫"百千万"工程、百万高素质农民学历提升行动计划、基层科普行动计划等得到深入实施，各级农技协促进科技帮扶，科技志愿服务深入开展。

二、农民科学文化素养存在的问题

在取得重大成绩的同时，我们也应看到，当前农民科学文化素质还存在一些问题，不能满足乡村振兴的需要。

（一）农民科学文化素质整体水平较低

由于大多数农民受教育年限比较短，文化水平较低，应用农业科技的能力差，直接导致了农业生产力水平低、农产品质量上不了档次、经济附加值不高，农民增收、农业增效困难。随着近年来城市化的发展，有文化、有能力、会经营的青年农民纷纷外出经商、打工、定居，在农村的大部分是妇女、儿童、老年人等留守人员，这部分人大都仅具有初高中以下文化。

（二）农民的科学意识淡薄

科学意识是从科学的角度理解问题、分析问题和解决问题的思想观念及其行为。农民大多没有读书看报的习惯，不善于利用各种传媒提高自身的科学素质，对农业科学、自然科学、人文科学等方面的科普知识了解不多。

（三）科技培训不尽合理

农民科学素质教育是一项长期的公益性事业，地方财政部门对农民科学素质教育经费的投入缺乏长远规划，导致很多地方并无专门的经费投入，培训资金缺乏保障，同时培训中没有根据时代的发展选择合适的培训项目，过多地侧重在养殖产业、种植产业的培训，对计算机网络、手机搜集材料信息的培训几乎为零。

三、农民科学素质提升行动

2021年6月25日，国务院发布关于印发《全民科学素质行动规划纲要（2021—2035年）》（以下简称《科学素质纲要》）的通知。《科学素质纲要》着重提出，在"十四五"时期实施农民科学素质提升行动，开展农民教育培训1 000万人次以上，培育农村创业创新带头人100万名以上；造就一支适应农业农村现代化发展要求的高素质农民队伍，加快推进乡村全面振兴。

实施农民科学素质提升行动将从4个方面展开。

一是树立相信科学、和谐理性的思想观念。重点围绕保护生态环境、节约能源资源、绿色生产、防灾减灾、卫生健康、移风易俗等方面深入开展科普宣传教育活动。以提升科技文化素质为重点，提高农民文明生活、科学生产、科学经营能力。

二是实施高素质农民培育计划。面向保障国家粮食安全和重要农副产品有效供给、构建乡村产业体系、发展农村社会事业新需求，依托农广校等平台开展农民教育培训，大力提高农民科技文化素质，服务农业农村现代化。开展农民职业技能鉴定和技能等级认定、农村电商技能人才培训，举办面向农民的技能大赛、农民科学素质网络竞赛、乡土人才创新创业大赛等。开展农民教育培训1 000万人次以上，培育农村创业创新带头人100万名以上。实施农村妇女素质提升计划，帮助农村妇女参与农业农村现代化建设。

三是实施乡村振兴科技支撑行动。鼓励高校和科研院所开展乡村振兴智力服务，推广科技小院、专家大院、院（校）地共建等农业科技社会化服务模式。深入推行科技特派员制度，支持家庭农场、农民合作社、农业社会化服务组织等新型农业经营主体和服务主体通过建立示范基地、田间学校等方式开展科技示范，引领现代农业发展。引导专业技术学（协）会等社会组织开展农业科技服务，将先进适用的品种、技术、装备、设施导入小农户，实现小农户和现代农业有机衔接。

四是提升革命老区、民族地区、边疆地区、脱贫地区农民科技文化素质。引导社会科普资源向欠发达地区农村倾斜。开展兴边富民行动、边境边民科普活动和科普边疆行活动，大力开展科技援疆援藏，提高边远地区农民科技文化素质。提升农村低收入人口职业技能，增强内生发展能力。

第三节 提高科学文化素养的策略

一、牢固树立科技致富观念

从事生产、增加收入，必须抓住机遇，迎接挑战，扬长避短，趋利避害，研究和实践新的农业发展理念。纵观每一位率先走上富裕道路的农民的创业史，不难看出他们除了具有普通农民所具有的吃苦耐劳、艰苦创业的精神外，他们的思想观念与时代也是相适应的，既对形势与政策有一定的了解，又能把握好机遇，敢于大胆尝试，更重要的是他们都掌握一定的科学技术，以科技知识武装头脑，以科技农产品占领市场，以科技手段创造高效益。

二、积极参加农民职业技能培训

要加强农村的教育和科技推广服务工作,努力提高广大农民的科学文化素养,努力提高广大农村经济社会发展的科技含量,必须采取多种形式并通过多种途径、多种渠道加强农民特别是青年农民的职业技能培训,使每个农民掌握一至两项农业实用技术;必须改革农村科技、教育体制,实行农科教相结合;必须激励农民学习技术,有条件的地方可给获得技术员职称的农民以补贴;推行"绿色证书"制度,对获得"绿色证书"的农民争取农业生产贷款可考虑免除担保手续,从而造就一种学科技光荣、用科技获得实惠的社会风尚。

三、主动学习科学文化知识

"科技兴农"就是"知识兴农"。高素质农民要多渠道地接受政府对于农业科学的思想教育、宣传,充分利用广播、电视、报纸、书刊、会议、培训等多种形式学习先进科学文化知识,同时将转变思想观念放在首位,适时抛弃传统的小农意识,走出安于现状、不思进取的误区。通过政府对于农村、农业发展多渠道的信息网络,积极了解市场供求趋势、农产品价格变动趋势,以及农业新技术、新品种等方面的信息。只有不断接受教育,树立科学意识,爱科学、学科学、用科学,才能跟上社会发展的步伐。

第五章 信息素养

第一节 信息素养概述

一、信息素养的概念

信息素养,又称信息素质,最早由美国信息产业协会主席保罗·G.车可斯基(Paul G. Zurkowski)在1974年提交的一份报告中提出,将信息素养定义为"利用大量的信息工具及主要信息资源使问题得到解答的技术和技能"。但这一时期对信息素养的定义多在强调信息获取的技巧、信息定位与信息利用等。

20世纪80年代,信息素养的内涵得到进一步扩展和明确,不仅包括信息技术和技能,而且涉及个体对待信息的态度(如信息意识)、确定与利用信息的愿望、对信息价值的评价和判断、对信息的合理利用等。1989年,美国图书馆协会下属的"信息素养总统委员会"在年度报告中对信息素养的含义重新进行了概括:"具备信息素养的人,能够充分认识到何时需要信息,并能有效地进行检索、评价和利用所需的信息"。而20世纪90年代后,信息素养的概念更进一步完善,逐步与终身学习能力关联起来。

目前,关于信息素养最有代表性也较权威的定义是2000年由美国大学与研究图书馆协会(ACRL)制定的"高等教育信息素养教育标准"中提出的"能认识到何时需要信息，和有效地搜索、评估和使用所需信息的能力"。其中强调信息素养为一生学习奠定基础，它适用于各个学科、各种学习环境和教育水平，可以让学习者掌握内容，扩展研究的范围，有更多主动性和自主性。

二、信息素养的内涵

信息素养的本质是全球信息化需要人们具备的一种基本能力。简单来说，是指能够判断什么时候需要信息，并且懂得如何去获取信息，如何去评价和有效利用所需信息的一种能力。

信息素养可以从下列两方面理解。

（一）信息素养是一种基本能力

信息素养是一种对信息社会的适应能力。美国教育技术CEO论坛2001年第4季度报告提出21世纪的能力素质，包括基本学习技能（指读、写、算）、信息素养、创新思维能力、人际交往与合作精神、实践能力。信息素养是其中一个方面，它涉及信息的意识、信息的能力和信息的应用。

（二）信息素养是一种综合能力

信息素养涉及各方面的知识，是一个特殊的、涵盖面很宽的能力，它包含人文的、技术的、经济的、法律的等诸多因素，和许多学科有着紧密的联系。信息技术支持信息素养，通晓信息技术强调对技术的理解、认识和使用技能。而信息素养的重点是内容、传播、分析，包括信息检索以及评价，涉及更宽的方面。它是一种了解、搜集、评估和利用信息的知识结构，既需要通过熟练的信息技术，也需要通过完善的调查方法，对信息进行鉴别和推理来完成。信息素养是一种信息能力，信息技术是它的一种工具。

三、农民信息素养提升的途径

农民信息素养水平直接关系到新农村信息化建设的进程,关系到农业现代化和全面建成小康社会奋斗目标的实现。提升农民信息素养水平的途径如下。

(一)逐步培养农业劳动者的信息意识

抓住农业和农村经济对信息的迫切需求开展农民教育培训,注重实效,循序渐进,重点突破,继而带动全局。要以农业企业信息化为突破口,在有条件的地方积极开展应用示范,努力营造学习信息技术、运用农业信息的氛围,使农民在学习信息技术、运用农业信息的过程中,实实在在地感觉到自己在受益。

(二)依托农村党员干部现代远程教育平台提高农民信息素养

以计算机技术、多媒体技术和现代通信技术为标志的农村党员干部现代远程教育平台已基本覆盖浙江省每个村镇,从而打破了时空界限,创设了个体化学习环境,有效地弥补了当前农村教育资源的不足,为开展农民素养教育提供了全新的教育手段,是加快农村信息化建设,实现信息直通基地、直通农村、直通农户的有效途径。通过农村党员干部现代远程教育平台,大力开展新农村建设的教育和宣传,增强政府管理部门及生产经营者的信息意识和信息综合利用能力。基层政府是新农村建设的组织管理者,同时也是信息服务的重要提供者,其管理人员的信息意识和信息利用能力对推进新农村建设起着决定性的作用。要通过多种形式的宣传、教育,提高政府部门工作人员对信息的重要性、严肃性、风险性、时效性的认识。积极鼓励农村基层干部参加现代远程教育的学习,不断提高他们的科技文化素养和信息意识,对加强农村基层党组织和干部队伍建设、促进农村经济的发展具有十分重要的意义。

(三) 利用各类农民教育培训资源提高农民信息素养

充分利用县（市、区）社区学院和乡镇社区教育中心、村民学校，把农民信息素养的培养充实到农民素养提升工程、农村劳动力转移培训和农村实用技术培训，有意识地提高农民信息素养。

针对新农村建设的需要，调整专业人才培养结构，重点培养一批能适应国际市场、把握市场信息和能运用现代化管理技术的农村经营决策人才，培养一批有信息技术实际操作能力的基层工作人员。同时，现代信息技术作为农业信息化建设的必备基础，现代信息技术课程应列入农村成人教育各专业的教学计划，使农民大学生尽快掌握运用现代信息技术的基本知识和技能，培养出多层次的农村信息应用人才。

(四) 建立农村信息化培训网站，实施在线培训

农村信息化过程需要一大批既精通网络技术，又熟悉农业经济运行规律的专业人才，能为农产品经销商提供及时、准确的农产品信息，能对网络信息进行收集、整理，能分析市场形势、回复网络用户的电子邮件、解答疑问等。而农村信息技术的面授培训受到师资和时空条件的限制，培训数量有限，难以适应农业信息化建设对信息技术和服务人员的需求。因此，为了长期为广大的农业龙头企业、农产品批发市场、中介组织和经营大户提供网络知识和信息技术的培训，为广大农村计算机爱好者提供交流的场所，必须建立农业信息化培训网站。通过这一虚拟空间，学员不仅可以学到许多计算机及网络知识，而且可以获得大量的信息，学员们通过相互交流学习体会、交流致富经验，真正起到培养信息意识、学习信息技术和农村致富的桥梁作用，也丰富了农村的文化生活。

第二节　收集农业信息

一、收集农业信息的途径

进入 21 世纪后，社会信息量大幅度增长，为农业生产经营者收集和利用各方面信息提供了有利的条件，同时也带来了大量的无用和虚假信息。农业经营管理者要学会以较小的投入收集到较多的有用经营信息，同时正确运用于农业生产中。

面对变化莫测的市场，怎样才能准确收集市场信息、预测市场变化、掌握市场规律呢？总结收集市场信息的方式，主要有下面 6 种。

（一）实地市场调查

实地市场调查还可以分成两种不同的方式。一种方式就是留心身边发生的事情，从偶然得到的消息去挖掘市场。只要做有心人，多注意身边发生的事情，就可以捕捉到好的信息。另一种方式就是到各个可能存在市场机会的地方去实地考察，综合分析这些信息以后，再采取行动。去各地实地考察需要花费不少的时间和精力，需要有一定经济实力，有较大生产规模的生产经营者可以采用这种方法。

（二）从广播电视上收集市场信息

广播和电视节目具有很强的时效性，不容易被人们记住。就是说，广播和电视节目播出以后，除非多次重复播放，没有什么其他方式可以引起人们注意，并保留这些信息，所以通过广播和电视节目收集信息不是主要方式，不需要花很多精力去做。

（三）从报纸上收集市场信息

报纸上的信息是比较及时的，也便于人们随便翻看。通过对报纸上很多信息的筛选和判断,选取适合当地状况的信息来经营农产品的生产和销售,往往会取得较好的效果。从报纸上收集信息,比去各地调查,要节省很多的时间和金钱,而且订报纸所花的钱并不多,得到的消息也很及时,是一种很好的寻找市场信息的方式。

(四)经常注意政府有关部门发布的消息

要充分利用当地的政府部门提供的消息,尽力开发和占领周边的市场。但要注意,在全国各地负责向农民发布市场消息的政府有关部门可能不同。一般来说,国际市场也需要政府有关部门提供信息。政府部门的国际农产品市场消息,除了农业农村部发布的消息外,经由商务部对外公布的信息,也是很值得注意的。这样一些消息,往往可以从报纸和一些专门的刊物上查看到。若采取"公司+基地+农户"的高级经纪人模式,就有必要充分了解政府部门发布的国际信息,更进一步扩大市场规模,或者寻找新的市场机会。

(五)通过互联网收集

这种方式的特点:一是无论得到的是国际还是国内信息,都是最新的,快捷且方便;二是可以通过网络直接进行交流咨询,"面对面"的方式更及时、更准确。

(六)积极参加专业合作社

单家独户组织生产闯市场,毕竟势单力薄,难以把握变化莫测的农产品市场。要准确掌握市场信息,最好的办法还是要组织起来,建立专业合作社,通过专业合作社来收集、分析、利用市场信息。同时,有条件时可积极参加农产品展销会、农产品信息发布会等与农产品生产和销售相关的会议。参加这些会议不但能开阔眼界、提高思想和认识水平,还可以宣传自己,找到市场商机,认识更多同行和朋友,建立更加广泛的生意圈子和关系网络。

二、收集农业信息时需要注意的问题

21世纪是信息化的社会,社会上的信息很多,收集农业信息并不难,但用较小的投入收集到有用的信息并不容易。在收集农业经营信息时需要注意以下问题。

(一) 有明确的目的

在形形色色的信息面前,农业经营管理者始终需要把握的一点是,农业生产的目的是收集更大的盈利,是取得良好的经济效益。为此,需要在降低生产成本的同时,提高生产的收益。收集的农业生产经营信息要服务于这一目的。

(二) 收集有用的信息

面对社会上的大量信息,判断哪些信息是有用的,哪些信息是无用的有一定难度,也需要做大量的工作。根据成功企业的经验,可以用以下5个标准来判断信息的有用性。

(1) 有效性。即该信息用于农业生产中是否可以获得相应的效果,可以提高生产效率或降低生产成本,可以解决农业生产中的问题。

(2) 可靠性。在收集农业信息时,可靠的信息往往来自权威的信息发布单位,如农业农村部发布的农业信息,或者专业刊物上专家发布的信息等。

(3) 及时性。对于当前生产经营决策中所用的信息最好是实时信息,或者是在有效期内的信息。

(4) 准确性。信息不准确的原因是多方面的,比如信息收集人员的失误、计量工具的不准确、收集人员迎合信息需要者的偏好,以及有意发出的不准确信息等,这些都会影响信息的准确程度。即使是权威信息发布单位发布的信息在特定情况下也会有较大的偏差，利用不准确的信息制定决策必定会产生失误。

(5) 全面性。在农业生产中，收集新技术、新产品的信息时还需要注意信息的全面性。在很多材料中，各种新技术的信息往往只强调其优点，而对于这种技术的缺点、问题、不适用的场合等很少提及。对于新品种也常常是强调其增产、增收的作用，对其缺点和问题很少有详细的说明。此时需要农业生产单位进一步了解这些新技术、新产品的缺点及问题等，只有掌握了全面的信息才能对事物有正确的认识。

(三) 适当收集信息

在信息社会中，收集信息要有适当的度，既不要忽视信息的收集工作，也不要过量收集信息。收集信息的目的是增加农业生产的收益，一般情况下，只要收集信息的投入小于农业生产增收的产出，就可以认为信息收集的工作量是适当的。如果将投入于农业信息收集的工作用于农业生产的其他方面会有更高的收益时，就可以认为此时农业信息收集的投入量已经过大，需要适当减少这方面的投入，转到农业生产经营工作的其他方面。

第三节 正确运用市场信息

一、对收集的信息进行分析

信息分析包括对信息的鉴别、筛选、汇总、分析、推理等工作，从各类信息中掌握市场变化的动向。主要有以下内容。

(1) 对信息进行鉴别。就是对收集的信息进行去伪存真。一般可将不同渠道获得的同一时期的信息进行对照比较，或者将同一渠道获得的不同时期的信息加以对照比较，通过比较，辨别信息的真伪。例如，某农户从他人那里得知某种农产品在批发市场上价格上涨,但又同时通过电话联系,知道了价格已经回落,就可以判断所听传言并不准确,避免盲目经营。

(2) 对信息进行筛选。就是对收集的信息要去粗取精,剔除信息中那些不需要的、多余的内容,抓住实质内容。例如,某农户通过收听广播,得知某大城市自选市场的报道,联想起自己经营的特产——芋头,立即与自选市场挂钩,将产品全部销售了出去。

(3) 对信息进行汇总。从一两条信息中往往只能看到市场交易活动的一个侧面,并不能了解全貌,只有对多种信息进行综合分析,才能掌握市场动态。例如,某饲养肉鸡专业户从广播中得知大豆出口量增加的信息,又从市场调查中了解到肉鸡价格趋升,综合这些信息判断饲料价格可能会上升,立即购买了一批较便宜的肉鸡饲料贮存起来。当饲料价格上涨时,便获得了降低饲养成本的好处。

(4) 对信息进行分析。就是要去除信息的表面现象,找到真正有用的实质内容,像剥笋一样,一层一层,由浅入深,逐层深入分析,这样就能从原始信息中得到真正有利用价值的信息。例如,某农户从新闻报道中得知北方数省迅速发展蔬菜大棚的信息,联想到蔬菜大棚增多后,向北方运销鲜菜的成本高,难以与当地大棚鲜菜竞争,但北方蔬菜大棚增多后,肯定对细菜种子的需求量增加,故而改为经营细菜良种,果然取得了较好的效益。

(5) 对信息进行推理。就是经营者运用自己的知识和经验,对收集的市场信息进行推理,触类旁通,举一反三,由此及彼,从中寻找重要的市场机会。例如,河北省香河县的一个养牛专业户,从一次偶然的机会中得知省外贸部门组织出口活牛,他立即抓住这一机会,数次到省、部有关部门介绍自己养牛的情况,邀请领导参观自己创办的牛场,争取出口许可,并以优质低价竞争，终于成为河北省出口活牛第一大户，被称为"养牛大王"。

二、对市场信息的利用

对市场信息的利用，最重要的是利用信息来预测市场的变化，这一点也是最困难的。

一是要认真研判国际国内宏观形势。近年来，国家对农业特别重视，每年都出台有关农业的"一号文件"，从"一号文件"中可以了解大量的政策信息，也可以从中分析出国家未来农业发展的走势。此外，还可以从电视、报纸、广播、互联网等媒体上看到政府有关农业的很多政策，以及经济、社会各方面宏观消息。这些信息有助于我们把握大势，了解我们所从事行业的未来趋势。

二是要认真分析判断行业环境变化。如养鸡专业户遇上禽流感是一个突发事件，对养禽类的人来说，可以说是致命打击，但在经历不幸的同时，也要想到禽流感总是会过去的，考虑以后的禽类市场会怎么样，这才是更重要的。

三是要充分利用行业市场分析报告。这些报告一般都是由专家或从事相关行业多年的资深人士撰写的，对远期预测有很大的作用，可以指导我们及早着手准备，特别是对水果、粮油等季节性强的农产品来说，做到预先准备是非常重要的。

四是要充分利用每日的价格快报。在农业农村部"中国农业信息网"上，每天都发布全国各地农产品批发市场的价格信息，可以通过连续一段时间的价格分析出这些产品的价格走势，以便采取及时措施适应市场的变化。很多地方农业农村部门也建有本地农产品价格信息平台，以提供大量本地农产品市场信息，这些信息，对于进行市场预测很有帮助。

五是要借助一些现代分析手段。市场受到的影响是多因素的,仅仅依靠过去的经验来预测市场是远远不够的,有时经验会带来负面的影响。所以,对于市场的预测要多借助于现代化的工具。例如,用现代统计方法画出价格变动趋势图,用以观察某种商品的价格长期变动趋势,可以增强对市场的预见性。

第四节 发布农业生产经营信息

在农业生产经营中,经营管理者在收集信息的同时,也需要对外发布相关信息。

一、农业生产经营需要发布的信息

农业生产经营需要发布的信息主要包括生产资料需求信息、专业服务需求信息、产品销售信息,以及贯穿于整个过程的经营管理需求信息。

(一)生产资料需求信息

市场上有大量的生产资料销售商,这些生产资料的销售商掌握着不同价格和质量的生产资料。农业经营管理者及时发出对生产资料的需求信息,有助于与供应商的联系,得到所需要的农业生产资料。

(二)专业服务需求信息

目前,农作物生产从生产前的土壤分析,到生产中的机耕、播种,再到生产后的收割、储存和运输,都有专业服务的组织。在畜牧业生产中,从养殖场的设计、种苗的提供、畜禽的防疫,到饲料的供应、产品的运输等也都有专业服务组织。及时发布服务需求信息,联系质量高、收费合理的专业服务队伍,既可保证不误农时,又可以提高工作效率。

(三)产品销售信息

农业生产的绝大多数产品需要通过市场销售。目前虽然有大

第五章 信息素养

量的农产品收购商直接找到农业经营者,但为了更有效地完成销售,农业经营者还需要及时发布有关产品销售的信息,使更多的经销商了解当地农业生产的品种、数量、质量等。

(四)经营管理需求信息

通过发布农业生产所需的劳动力、经营管理人才等相关信息,可以扩大对生产和管理人员的选择面,找到更适合于农业生产的员工,提高农业的生产效率。通过相关信息的发布,还可以找农业生产所需要的土地、水面及扩大农业生产所需要的资金、技术、培训等方面的支持。

二、发布信息的渠道

发布农业经营信息的渠道多种多样,主要有以下5种。

(一)口头传递

口头传递是通过交谈、电话等以口头形式表达需要传递的信息。人员推销是口头传递的一种典型形式,这一方法指销售人员携带一定的宣传材料,口头介绍自己的产品,包括产品的价格、特点,以及生产单位的联系方式等。发布的口头信息要清楚、明确。发出信息后要守信,有关承诺要落实。

(二)发布广告

对于需要经常发布的信息,还可以采用广告的形式。最简单的广告有农业生产单位的宣传牌,说明本单位的性质、生产的特点和主要产品、联系人、联系方式等。另外,针对相关活动制作的印刷品,以及农产品包装物上的说明等也有广告的作用。如果有特殊的需要,还可以考虑在公众媒体上发布广告。

(三)展览、展销

根据不少农业经营管理者的经验,大多数新产品在相关的展览、展销会上进行宣传,往往能够获得较好的效果。特别是在地区性或专业性的展览、展销会上,由于参会的人员有明确的目的,专业性较强,对农业生产单位发布的信息比较敏感,同时接收信息的人员多数有一定的决策或建议权,有时只需要有几个大中型生产经营单位的相关人员注意到本单位所发布的信息就能够收到明显的效果。

(四) 专业会议

专业会议集中了相关行业的管理人员或技术人员,在这种专业会议上如果能够发布本单位的信息也会有较好的效果。如林果生产者在饮料专业会议上发布果品生产的信息、粮食生产者在饲料会议上发布饲料粮生产的信息、蔬菜和畜禽生产单位在餐饮行业的会议上发布的农产品生产信息等均属于生产单位向需求单位直接发布的信息,常常可以带来直接的效益。另外,在相关的农业技术研讨会上发布对技术的需求信息、在生产资料行业举行的会议上发布对生产资料的需求信息同样可以取得直接的效果。

(五) 互联网

随着互联网的普及,利用互联网发布信息成为农业经营管理者普遍采用的方法。互联网上发布的信息可图文并茂,生动直观,随时更换。同时,在互联网上发布信息的投入不高,技术不复杂,接收信息的区域广泛,有利于将生产的产品介绍到世界各地。

三、发布信息需要注意的问题

(一) 信息发布的权限

只有经营负责人才有权力发布农业生产单位的信息,员工和下属未得到许可是不能发布信息的。

(二) 保守生产经营机密

生产经营者在发布有关信息时要保守生产经营中的机密,注意不要在发布信息时将企业内部的消息透露出去。如农业生产的成本、价格底线以及与其他单位的交易情况等。发布信息时只发布让有关单位和人员了解的内容，不要将无关内容也同时发出。如，急需某些生产资料的信息发布中不宜将"急需"透露给供应商，否则在以后合同的谈判中将处于不利的地位。在销售信息发布时亦如此，即使是在销售有一定困难、单位急需资金周转的情况下，也不宜将"急需"资金周转这类信息透露给收购商，这样容易让收购商压低农产品的收购价格。

（三）把握机会

对于每个地区或特定的农产品，在特定的时间内发布信息常常有较好的效果，在发布信息时，要注意把握这类的机会。如当地举办与农产品有关的活动时，或外来经销商、采购商大量涌入时，或外来人员较多时，此时发布信息可以让更多的专业人员或消费群体所认识，一旦错过这一时间，进行的工作会事倍功半。

（四）突出重点

发布信息的目的是让有关人员认识或感兴趣。由于目前社会上发布的信息数量庞大，让有关人员重视农业经营管理者发布的信息并不容易。这就需要在发布信息前详细分析需要解决的主要问题是什么，哪些可能引起相关人员的兴趣，在发布信息时要对发布的内容进行精心整理以突出重点，发布的内容要短小精悍、一目了然，这样的信息往往会有好的效果。

（五）衡量效益

发布信息需要有一定的投入，这就需要对发布信息的方式、方法、力度、投入量等有一定的选择，力求用经济实用的手段，以最小的投入，获得最大的收益。在实际工作中，农业经营管理者发布信息时都不会只用单一的方法，而是多种形式的组合，此时，如何组合才有更好的效果，也需要有一定的衡量。从信息的发布到取得效益有时需要有一个过程,对于不能立竿见影的信息,也需要在一定的时间内坚持发布,让有关的经销商对生产单位的需求等有更深的印象和了解。

第六章 农业职业技能素养

第一节 农业种植技术

一、农业种植新技术

(一)农业机械化技术

目前,我国主要农作物的机械化技术主要包括水稻机械化生产技术、小麦机械化生产技术、玉米机械化生产技术、油菜机械化生产技术、棉花机械化生产技术、花生机械化生产技术、甘蔗机械化生产技术、保护性耕作技术、土壤深松机械化技术、高效节水灌溉技术、草原复壮机械化技术、农作物秸秆综合利用机械化技术等。

(二)地膜栽培技术

1. 地膜种类

地膜种类很多,随着塑料工业科技的发展,应用于农业生产的地膜种类不断更新和扩大。根据塑料薄膜制造方法的不同,分为压延薄膜、吹塑薄膜;根据塑料薄膜所具有的某些特殊性能,有育秧薄膜、无滴薄膜、有色薄膜、超薄覆盖薄膜、宽幅薄膜等。根据塑料薄膜的不同厚度和宽度,又有各种不同规格。目前生产中常用的塑料地膜主要是无色透明地膜、有色地膜和特种地膜等。

2. 地膜覆盖栽培技术

地膜覆盖栽培的特点是用透明的塑料薄膜把适播农田从地面上封盖起来，造成不同于露地栽培的农田土壤环境，增温保墒，蓄水防旱，保持土壤疏松，在一定程度上起到抑制杂草生长、压碱、促进作物根系发育等作用，从而促进增产和改善品质，提高经济效益。

我国在利用地膜栽培植棉、地膜覆盖开发利用盐碱地、改砾田栽培为地膜覆盖栽培等方面取得了很好的效果。在棉花、玉米、水稻、花生、西瓜、甜菜、蔬菜等多种作物上，比较系统地提出了规范化的覆膜栽培模式，为不断提高我国农业生产技术水平作出了重大贡献。

(三) 无土栽培技术

1. 无土栽培技术概述

无土栽培是一种不用天然土壤作基质的栽培技术，将作物直接栽培在一定配方的营养液中，或者栽培在用沙、砾石、蛭石、珍珠岩、稻壳熏炭、煤、岩棉等非土壤的基质材料做成的栽培床上。

无土栽培的方式很多，根据其栽培床是否使用基质，可将无土栽培分为两大类：基质培和水培。基质培是用固体基质代替土壤做栽培床栽培作物，固体的基质包括天然的沙、砾、草炭、锯木屑和人工基质如岩棉、多种泡沫塑料及纤维等。而水培则是将作物的根系直接置于营养液中，不用基质材料，营养液可以循环利用。根据无土栽培不同的基质种类、不同的栽培床、不同的通气方式和营养液供应方式等，还可以将无土栽培的种类分成多种。

不同的无土栽培方式，由于采用不同的基质、不同的栽培床装置和供液方式，其应用技术和应用效果各不相同，不同的设施装置的一次性投资大小亦不一样。所以，在进行无土栽培时，一定要了解不同的无土栽培方式的特点和具体的应用技术，根据不同的作物种类和财力、物力等条件，选用适当的无土栽培方式。

2. 无土栽培技术应用范围

（1）用于栽培蔬菜作物。当前多数国家栽培的作物以蔬菜为主，在蔬菜作物中栽培最多的是番茄，其次有黄瓜、厚皮甜瓜、西瓜、茄子、辣椒、莴苣、菠菜、芹菜等。

（2）栽培花卉植物。多用于栽培切花、盆花用的草本或木本花卉，其花朵较大，花色鲜艳，花期长，香味浓。主栽作物有玫瑰、菊花、香石竹、郁金香、风信子、唐菖蒲、蔷薇、大岩桐以及观叶植物等。

（3）苗木生产。用无土栽培进行苗木生产，具有成苗快、幼苗壮等优点。如果树苗、林木苗等。

（4）药用植物栽培。草本药用植物可用无土栽培，效果良好。

（5）食用菌栽培。英国等西欧国家用草炭及炭渣栽培食用菌，效果良好，每平方米产量达 16~20 千克。

（6）沙漠、荒滩、盐碱地及楼顶、阳台的利用。在沙滩薄地、盐碱地上利用无土栽培大面积生产蔬菜和花卉有良好效果；有条件的地方还可在楼顶、阳台进行无土栽培，用以补充人们对蔬菜和花卉的需要，而且可以美化环境，调节气候。

（四）节水灌溉技术

节水灌溉就是依靠现代科学技术，充分利用天然降水资源进行农业灌溉，满足农作物的生长需要，减少农田灌溉过程中出现的损失及浪费，提高水资源利用率，从而以较少的灌溉水量取得较大的生产效益和经济效益，即最大限度地提高单位灌溉水量的农作物产量和产值的灌溉措施。目前在我国推广应用的节水灌溉形式主要有以下11类。

1. 渠道防渗

渠道渗漏是农田灌溉用水损失的主要方面。渠道防渗是节水灌溉的重要措施之一。应用渠道防渗技术后,一般可使渠系水利用系数提高到0.6~0.85,比原来的土渠提高50%~70%。渠道防渗还具有输水快、有利于农业生产抢季节、节省土地等优点,是当前我国节水灌溉的主要措施之一。随着渠道防渗技术手段的应用,灌溉用水得到了有效节约,且土壤次生盐碱化、渠道坍塌、渠道冲淤等事故的发生频率也得到了适当抑制。在保证渠道内输水能力不断提升的基础上,缩小渠道自身的断面面积,并以迎合建筑物尺寸作为首要目标,通过这种方式不仅能够有效控制地下水位的上涨趋势,也能有效节约渠道占地面积,减少由维修、管理产生的渠道防渗工程费用。渠道防渗技术既能以较低的用水量获得较大的产出收益,也能在维持高水平单位灌溉水量的同时完成作物的物理灌溉。根据所使用的材料,渠道防渗可分为三合土护面防渗、砌石(卵石、块石、片石)防渗、混凝土防渗、塑料薄膜防渗(内衬薄膜后再用土料、混凝土或石料护面)等。

2. 管道输水

管道输水通过输水管道(塑料管道或低压输水管道)取代传统明渠,把水直接输送至田间灌溉,从而减少水在明渠输送过程中的渗漏和蒸发损失。发达国家的灌溉输水已大量采用管道。目前,我国北方井灌区的管道输水推广应用较快。常用的管材有混凝土管、塑料硬(软)管、金属管等。管道输水与渠道输水相比,具有输水迅速、节水、省地、增产等优点。应用管道输水技术,可以使水的利用系数提高到0.95,节电20%~30%,省地2%~3%,增产幅度10%。在有条件的地方应结合实际积极发展管道输水。但是，管道输水仅仅减少了输水过程中的水量损失，而要真正做到高效用水，还应配套喷灌、滴灌等田间节水措施。

3. 喷灌

喷灌是借助水泵和管道系统或利用自然水源的落差，把具有一定压力的水喷到空中，散成小水滴或形成弥雾降落到植物上和地面上的灌溉方式。常用的喷灌分管道式、平移式、中心支轴式、绞盘式、轻小型机组式。管道式喷灌分移动管道式喷灌、固定管道式喷灌。移动管道式喷灌通常将输水干管固定埋设在地下，田间支管和喷头可拆装搬移、周转使用，因而降低了投资。固定管道式喷灌是将管道、喷头安装在田间固定不动，灌溉效率高，管理简便，适用于蔬菜、果树、经济作物灌溉，但是投资较高，不利于机械化耕作。中心支轴式大型喷灌机与平移式大型喷灌机只能在预定范围内行走，行走区域内不能有高大障碍物，地面要求较平整。其机械化和自动化程度高，适用于大型农场或规模经营程度较高的农田。绞盘式喷灌机（也称卷盘式喷灌机）分喷枪式、折架式两种，折架式具有雾化好、耗能低的优点。轻小型机组式喷灌机具可以手抬，或装在手推车、拖拉机上，具有机动灵活、适应性强、价格较低等优点，通常用于较小地块的抗旱喷灌。其具有机动灵活、适应大小田块、亩设备投资低等优点，是一种适合中国国情、有发展前景的喷灌形式，可适用于大田作物、蔬菜等。喷灌作为一种先进的机械化、半机械化灌溉方式，在很多发达国家已广泛采用。喷灌具有以下优点：节水效果显著（水的利用率可达90%）；作物增产幅度大（一般可达20%~40%）；大大减少了田间渠系建设及管理维护和平整土地等的工作量；减少了农民用于灌水的费用和投入的劳动力，增加了农民收入；加快实现农业机械化、产业化、现代化；避免由于过量灌溉造成的土壤次生盐碱化。

4. 微喷

微喷（微水灌溉的简称，又称雾滴喷灌）是利用微灌系统设备按照作物需水要求，通过低压管道系统与安装在尾部（末级管道上）的特制灌水器（滴头、微喷头等），将作物生长所需的水和养分以较小的流量均匀、准确地直接输送到作物根部附近的土壤表面或土层中，使作物根部的土壤经常保持在最佳水、肥、气状态，以满足作物生长发育之需要的灌水方法。微灌的特点是灌水流量小，一次灌水延续时间长，周期短，需要的工作压力较低，能够较精确地控制灌水量。微喷是利用折射式、旋转式或辐射式微型喷头将水喷洒到作物枝叶等区域的灌水形式。微喷的工作压力低，流量小，既可以增加土壤水分，又能提高空气湿度，起到调节局部小气候的功效，应用十分广泛。另外，还可以借助部分微喷头的超强雾化功能，用于扦插育苗、饲养场降温等场所。微喷是新发展起来的一种喷灌形式，微喷又分为吊挂微喷、地插微喷。特别适合农业温室大棚内投入使用，它比一般喷灌更省水，能够更均匀地将水喷洒于作物上。微喷是通过 PE 塑料管道输水，通过微喷头喷洒进行局部灌溉的。更可以扩充成自动控制系统，同时结合施用化肥，提高肥效。

5. 滴灌

滴灌是利用塑料管道将水通过直径约 16 毫米毛管上的孔口或滴头送到作物根部进行局部灌溉的方式。滴灌是目前干旱缺水地区最有效的一种节水灌溉方式，其水的利用率可达 95%。滴灌较喷灌具有更高的节水增产效果，同时可以结合施肥，提高肥效 1 倍以上，可运用于果树、蔬菜、经济作物以及温室大棚灌溉,在干旱缺水的地方也可用于大田作物灌溉。其不足之处是滴头易结垢和堵塞。因此,应对水源进行严格的过滤处理。按管道的固定程度来划分,滴灌系统可分为固定式滴灌系统(分地面固定滴灌、地下固定滴灌)、半固定式滴灌系统、移动式滴灌系统3种类型。固定式滴灌系统是指全部管网安装好后是固定的,优点是操作简便、省工、省时,灌水效果好,适用于果树、葡萄、瓜类、蔬菜等作物。半固定式滴灌系统的干管、支管是固定的,只有田间的毛管是移动的,一条毛管可控制数行作物,灌水时,灌完一行后再移至另一行进行灌溉,依次移动可灌数行,适用于宽行蔬菜与瓜果等作物。移动式滴灌系统的干管、支管、毛管均由人工移动,设备简单,较半固定式滴灌节省投资,但用工较多。从控制方式来看,滴灌分手动控制、全自动控制、半自动控制。结合中国劳动力多、资金缺乏的具体情况而研究开发的半固定式滴灌系统、移动式滴灌系统,大大降低了工程造价,为滴灌在大田作物和经济欠发达地区推广应用创造了条件。

6. 膜上灌溉

膜上灌溉是指用地膜覆盖田间的垄沟底部,引入的灌溉水从地膜上面流过,并通过膜上小孔渗入作物根部附近的土壤中进行灌溉的方法。采用膜上灌溉,深层渗漏和蒸发损失少,节水显著,在地膜栽培的基础上不需再增加材料费用,并能起到对土壤增温和保墒的作用。

7. 膜下滴灌

膜下滴灌是指将滴灌管放在膜下,或利用毛管通过膜上小孔进行灌溉。膜下滴灌既具有滴灌的优点(提高水的利用率),又具有地膜覆盖的优点(提高积温),尤其适合在北方干旱地区应用,节水增产效果更好。

8. 控制灌溉

控制灌溉（又称调亏灌溉）是指在水稻秧苗本田移栽后的各个生育期，田间基本不再长时间建立灌溉水层，不以水层深度为灌溉指标，而是以根层土壤含水量及土壤表相，确立灌水时间、灌水次数、灌水定额的一种灌溉新技术。根据水稻不同生育期对水分的不同需求进行"薄（薄水插秧）、浅（浅水育秧）、湿（分蘖前期湿润）、晒（分蘖后期晒田）"的控制灌溉，既节约用水，又有利于农作物生长，改变了以往水稻大水漫灌、串灌的旧习惯。

9. 坐水种

坐水种（又称抗旱点种）是指在一些水源短缺的地方，为了解决春播时由于春旱的影响而导致出不了苗或出苗不齐的问题，采用机械或畜力拉水，在埯中（播种的土坑）先注水后播种，使作物种子恰好坐落在灌溉水湿润过的土上，然后覆土的耕作栽培模式。

10. 土地平整改造

土地平整改造是指在作物播种或移栽前，通过平整土地，改进灌水沟畦规格（大畦改小畦、长沟改短沟等），以使表土保持符合农业要求状态，达到灌水均匀、节水的目的。

11. 科学灌溉

根据作物需水要求，适时适量地灌水，用先进的科学技术手段对土壤墒情和灌区输配水系统的水情进行监测、数据采集和计算机处理，可以科学有效地控制土壤水分含量，进行合理调度，做到计划用水、优化配水，以达到既节水又增产的目的。同时，要重视和加强节水管理，改变目前农业用水水价过低、不利于节水的状况，实行按成本收费、超计划用水加价等政策。要建立健全节水管理组织和技术推广服务体系，完善节水管理规章制度。

二、主要农作物的种植

(一) 粮食和油料作物种植技术

粮食和油料作物的生产品种很多，主要是玉米、水稻、大豆、小麦、谷子、高粱、荞麦、小豆、向日葵和芝麻等。尽管这些作物生长特点不同，但在种植管理上也有一些基本要求。主要是掌握各种作物的生长特性，如作物的生长期，对温度、水分、光照、土壤的要求和对矿物质营养的需求；要了解作物轮作，整地与施肥，及时播种，田间管理，适期收获和收获后的加工、整理、储藏等生产技术。在此基础上，才能根据农作物生长发育和收获加工的实际需要，实施有效的生产管理，从而保证和提高农作物的产品数量及质量。

(二) 蔬菜种植技术

蔬菜种植品种多、周期短、季节性强、复种指数高，栽培技术较为复杂，投入人力、物力和财力较多；蔬菜又是鲜嫩的产品，含水量高，容易腐烂变质，多数不耐储存和长途运输，还要求无公害生产，专业化生产水平较高，需要品种多样、均衡供应、淡季不淡、旺季不烂。

蔬菜种植方式主要有3种。一是露地栽培方式，这在整个蔬菜生产中占比重较大。二是保护地栽培方式，在塑料大棚和简易温室种植蔬菜。三是温室栽培方式（工厂化生产），对蔬菜的生长发育所需要的条件进行人工控制，可全年生产，均衡供应，在解决淡季蔬菜供应中发挥了较大的作用。但投资大、成本高。在蔬菜种植中，应根据自身条件，选择适宜的方式，采用先进的科学技术，改善蔬菜生产条件，提高蔬菜储藏和加工能力。

(三) 果树种植技术

果树适应性强，山地和瘠薄土地均可栽植，是发展多种经营的较好生产项目。果树是多年生植物,适应性比较强,既可以取得较高的经济收入,又可以保护生态环境。但是,果树种植一般是在较长时间内连续投资才能收益,投资回报期较长。根据以上特点,果树种植应当因地制宜选择树种,实行果粮结合、果林结合,以短养长。在发展果树生产的同时,相应地发展果品加工业,增加经济收入。

在果树种植园地的建设和管理上,首先要根据本地的气候、土壤性质、地势、水源和相关条件,选择好果树种植园地。其次是对果园进行科学规划。建果园是长期生产,一定要做好发展规划,要合理确定果园面积、种植规模和果树品种,还要对果树的栽植地段、品种搭配、行列距离、光照、通风、施肥、灌溉、排水,以及田、林路、渠等统筹安排,以便于管理。

第二节　农业养殖技术

一、畜牧业养殖

(一) 畜牧业的生产特点

畜牧业是利用动物的生理机能,通过饲养、繁殖取得动物产品或役用牲畜的生产行业,是农业的重要组成部分。畜牧业的生产特点如下。

1. 畜牧业生产条件要求较高

畜牧业生产对象是有生命的动物性产品,在自然灾害、疫病袭击和自然条件不适应的情况下,动物不仅容易死亡,还会使繁殖成活率和畜产品生产量下降,而且在短时间内难以恢复。因此要努力创造良好的饲养条件,做好疫病防治工作,使畜禽健康生长。

2. 畜牧业生产周期比农作物长

一般来说，家畜的生产周期是：猪1年、羊2年、牛3年。因此，要选用优良畜禽品种，采用先进饲养管理技术，加快畜禽出栏。

3. 畜产品具有鲜活性

畜产品在储藏、运输过程中容易损失和腐烂变质，所以，要特别做好畜产品的冷冻、储藏、加工、运输工作以及市场调查和市场预测工作，使畜禽生产能够符合市场的需要，让消费者购买到新鲜的畜产品。

4. 畜产品价值高，综合利用性强

畜产品几乎没有废弃物，是价值较高的商品。因此，应以养殖业为基础，开展加工配套的生产经营，积极提高畜产品的综合利用水平，获得更大的经济效益。

5. 畜牧业生产对种植业有较强的依赖性

畜牧业需要大量的饲料，同时又能给种植业提供大量的肥料。通过综合性经营，可以把畜牧业和种植业有机地结合起来，根据当地的生产习惯，给予二者不同的主次地位。

(二) 畜种选择

由于不同畜种对饲料和饲养技术等要求存在很大的差异，选择畜禽品种主要应考虑以下3个主要因素。

1. 市场需求

选择畜禽品种必须充分考虑市场需求的发展趋势，切忌凭主观臆想，盲目选择。主要是通过市场调查，了解大量的有关信息，再去分析、比较、评价，选择市场前景看好的畜禽品种，这样才能使自己的经营项目同市场需求相适应，以利于获得良好的经济效益。

2. 饲料供应状况

畜禽种类、品种、畜龄、体积大小不同，对饲料的要求也存在差异。选择畜禽品种，必须考虑在本地区能够买到所需要的饲料，并有稳定的饲料来源，保证畜禽正常生长、发育的需要。一般来说，饲料粮多的地区宜选择猪、鸡等杂食畜禽，饲草多的地区宜选择牛、羊、鹅等草食畜禽。

3. 自身条件

资金、技术装备、劳动力、饲养经验、熟练程度等对畜种选择也会产生影响。资金雄厚可选择投资较多的畜种，如牛、羊。反之，则选择需投资较少的畜禽，如猪、鸡、鸭、鹅等。饲养经验和熟练程度也要作为条件考虑。

此外，选择畜种还应考虑一些其他条件，如当地气候条件，以及社会化服务能力，如防疫能力等。选择畜禽品种必须考虑到影响畜种选择的各种因素，并在此基础上进行综合分析，根据条件去选择。

(三) 畜群结构

畜群指饲养或放牧的同类畜种群体单位。畜群结构是指在一定时期内，某一畜种按性别、年龄、用途划分的畜组在畜群总头数中所占的比重。畜群包括3个组成部分：即用于繁殖的基本母畜和种公畜；用于更新和扩大繁殖的后备畜；用于育肥的幼畜和育肥畜。在养殖过程中，应因地制宜，确定合理的畜群结构，以适应畜牧业生产发展的要求，达到预期的生产目的和经济效益。

二、渔业养殖

(一) 渔业的生产特点

渔业生产既是自然再生产的过程，又是社会再生产的过程，二者相辅相成。一方面，渔业的自然生产以水体为媒介，其载鱼量是有限制的，且鱼体生长周期长、季节性强，应充分把握水体产鱼的阶段性与生产潜力；另一方面，渔业生产时，又需要人来组织安排，使各项生产措施适应渔业生产的自然规律。渔业生产的地域差异明显，对于不同水域的不同生产方式，其产量和效益有很大差异。因此，在组织渔业生产时应考虑生产的布局，选择合适的饲养方式。如采用混养或综合养鱼，采用网箱或工厂化养鱼，会产生不同的收益。

渔业生产的对象在水体中不易看见，需要科学的饲料与管理的手段。如我国池塘养鱼传统的"八字精养法"——水、种、饵、密、混、轮、防、管，是一种经验的总结，在现代渔业生产管理中仍有重大价值。

渔业生产与农业其他部门的生产联系极为密切。一方面，渔业生产主要依赖农业生产和产品，如饲料和饵料来源于种养殖业；另一方面，渔业为主体，可带动许多部门的发展。

（二）在渔业生产管理上应注意的几个问题

1. 选种

鱼类生产的选种非常重要。人们利用现代生物技术培育出了许多具有优良性状的新品种，个体大，肉质鲜美，病虫害少，成活率高。

2. 注意采用集约化养殖模式

我国传统上采用池塘养鱼技术，其鱼产量约占淡水养殖总量的3/4。特点是成本低（养殖鱼类食物链短，很少用精料，采用混养方式，充分利用饵料和水体）、产量高。有条件的可以选择集约化养鱼技术，虽然成本高些，但其产量更高、效益更好。

3. 特种水产品的养殖

青、草、鲢、鲤、鲫、鳊 6 种鱼是长期生产实践中选定的优良品种，是淡水渔业的主体。在稳住"当家鱼"的同时，也要根据市场需求，因地制宜地发展特种水产品。特种水产品包括鱼类、两栖类和无脊椎动物中的某些水生种类。由于特种水产品能满足市场上求新、求异的消费心理，因而在一段时期内会呈现俏销的势头，可以有较多的赢利。但是饲养特种水产品的技术往往不成熟，人们消费量小，市场需求变化大，风险较高。在经营特种水产品时，第一，要掌握完整的生产技术；第二，要认识到，每一种特种产品都有一个被市场接受、受市场欢迎、被市场淘汰的过程，管理者要心中有数，当市场需求变化时要迅速调整自己的生产结构，收缩生产或转产。

第七章 经营管理素养

第一节 农业产业化经营

一、农业产业化经营的概念和特征

（一）农业产业化经营的概念

从农业经营层次上看，从事农业某生产环节经营的企业，总是追求自身利益的最大化，而分散、孤立、狭小、保守的农户家庭经营，只能通过市场交易，获得利润低微的初级产品的市场价格，与农业企业化经营相比，始终处于不利的竞争地位。

农业产业化经营是建立在农业产业劳动分工高度发达基础上的更高层社会协作的经营方式。具体来说，农业产业化经营就是用管理现代工业的办法来组织现代农业的生产和经营。它以国内外市场为导向，以提高经济效益为中心，以科技进步为支撑，围绕支柱产业和主导产品，优化组合各种生产要素，对农业和农村经济实行区域化布局、专业化生产、一体化经营、社会化服务、企业化管理，形成以市场牵龙头、龙头带基地、基地连农户，集种养加、产供销、内外贸、农科教为一体的经济管理体制和运行机制。农业产业化经营是引导分散农户的小生产进入社会化大生产的一种组织形式，是多元参与主体自愿结成的利益共同体，也是市场农业的基本经营方式。

农业产业化经营与一般农业（企业化）经营的主要区别在于：前者是由农业产业链条各个环节上多元经营主体参加的、以共同利益为纽带的一体化经营实体；在农业产业化经营组织内部，农民与其他参与主体一样，地位平等，共同分享着与加工、销售环节大致相同的平均利润；后者的经营范围则只限于农业产业链中某一环节。

(二) 农业产业化经营的特征

农业产业化经营的特征，可分为内在本质特征和外在表象特征。

1. 内在本质特征

根据内在本质特征，可判断某个经营实体是否为农业产业化经营组织：一是龙头单位与多元参与主体是否形成利益共同体；二是是否有稳定的制度、组织方式或经营载体来维系；三是是否按照一体化运营的约束机制来运作。

2. 外在表象特征

（1）区域化布局。每个支柱产业或生产系列，按照区域比较优势原则，设立专业化小区，按小区进行资源要素配置，按商品生产基地要求进行布局，以充分发挥区域化生产效应。

（2）专业化生产。围绕主导产品或支柱产业进行专业化生产，把农业生产的产前、产中、产后作为一个系统来运行，做到每个环节的专业化与产业一体化协同相结合，使每一种产品都体现为原料、初级产品、中间产品、最终产品的制作过程，并以商品品牌的形式进入市场。

（3）规模化建设。农业生产专业化的效率是通过大生产的优越性表现出来的，因为农业生产经营规模的扩大，有利于采用先进的农业科学技术，降低农业生产成本，为农产品的生产、加工、销售奠定条件。企业规模化虽然有生产经营规模扩大的意思，但更重要的是指农产品生产、加工和运销的农户和企业生产要素的组成比例要匹配，要避免或减少某种生产要素的不足或浪费，为农业产业化经营的高效运行奠定基础。

（4）一体化经营。一体化经营就是农业产业化龙头企业通过合同契约把从事农业生产资料供应、农产品生产以及加工、储藏、运输、销售的诸多企业与农户整合在一起，共同构筑农业产业价值链，从而将长期割裂的农业产前、产中、产后环节重新联结起来，形成各具特色的"龙"型生产经营体系。

（5）社会化服务。社会化服务是指通过一体化组织，不仅可以利用龙头企业的资金、技术和管理优势，而且还可组织有关农业科研机构、技术推广部门对共同体内各个组成部分提供产前、产中、产后的信息、技术、经营、管理等全程服务，促进各要素紧密有效结合，最大限度提高经济效益。

（6）企业化管理。企业化管理就是通过"公司+农户""公司+合作社+农户"等方式，依靠龙头企业带动，将个体农户聚集在产业价值链上，形成具有工业化特征的"柔性经营综合体"，通过合同契约，参股分红，全面成本效益核算，对全系统的营运实行组织化、企业化管理。

二、农业产业化经营的组织模式

从经营内容、参与主体和一体化程度上看，农业产业化经营模式可分为以产销合同为纽带的产加销一体化经营模式和以产权关系为纽带的农工商一体化经营模式两大类型。前者为松散型，后者属紧密型。根据龙头企业和所带动的参与者的不同，具体可分为以下6种类型。

（一）龙头企业带动型（公司+基地+农户）

龙头企业带动型的农业产业化经营是由一个或几个农产品加

工企业或营销性公司作为龙头,与农户通过契约关系,建立起相对稳定的经济联系,结成产加销一体化经营组织。其基本形式是"龙头企业+农户",其衍生形式有"龙头企业+基地+农户""龙头企业+合作社+农户""龙头企业+专业协会+农户"等。其特点是:龙头企业与农产品生产基地和农户结成贸工农一体化经营系统;利益联结方式是根据产销合同订购或实行保护价收购;农户按合同规定,定时定量向企业交售优质产品等。

(二)中介组织带动型(中介组织+农户)

中介组织带动型的农业产业化经营模式是以从事统一农业生产项目的若干农户按照一定的章程联合起来,组建多种形式的农民专业合作经济组织,如蔬菜专业协会、养鸡协会、葡萄专业合作社、花卉销售合作社等,在这些中介组织的带动下,进行农产品产加销一体化经管的农业产业化经营模式。在这种产业化经营的组织形式下,经济利益主体主要是中介组织与农户两方。他们之间的经济利益通过组织章程及合同连接起来。中介组织的盈余,在提取一定积累后,一部分按交易量返还给成员,另一部分按成员入社股金进行分红。

(三)市场带动型(专业市场+农户)

市场带动型是以专业市场或专业交易中心为依托,形成商品流通中心、信息交流中心和价格形成中心,带动区域专业化生产,实行农产品的产加销一体化经营,从而扩大生产规模,形成产业优势,节省交易成本,提高营运效率。其运行基本原则,一是因地制宜的原则,二是建管并重的原则,三是宏观调控原则。

(四)合作经济组织带动型(农民专业合作社或专业协会+农户)

专业合作经济组织带动型是农民自己创办专业合作社或专业协会等合作经济组织,使其在农业产业化经营中为农民提供产前、产中及产后的多种服务,一方面为入社农户统一提供生产资料、信息、服务,帮助农户解决生产资金;另一方面组织入社农户统一生产、统一加工、统一包装、统一价格销售,参与专业化、商品化的农业生产经营,解决了个体农户分散生产、实力弱小、进入市场渠道不畅的问题。

(五)科技带动型(科研单位+农户)

科技带动型的农业产业化经营模式是以科技单位为龙头,以先进技术的推广应用为核心,在科技龙头的带动下,实现农产品产加销一体化经营的农业产业化经营模式。在这种农业产业化经营的组织形式下,主要的利益主体是科研机构与农户两方。在这种组织模式中,收益按比例分成。

(六)主导产业带动型(主导产业+农户)

主导产业带动型农业生产化经营模式是从利用当地资源,发展特色产业和优势产品出发,发展"一乡一业""一村一品"(或"数村一品"),形成生产、加工、销售一体化经营的农业产业集群或产业价值链。在这一产业化经营组织形式下,农产品加工者、营销者与生产者(农户)之间的连接关系是相当松散的,它们之间没有成文的合同约束,互相之间的经济利益是靠市场交换联系起来的,从相互之间的公平买卖和等价交换中,实现了各自的经济利益。

由此可见,可供选择的农业产业化经营模式类型多样,农业企业应因地制宜地选择适合自己的经营模式,并在市场化、产业化的发展过程中不断创新完善。

三、农业产业化经营的组织实施

实施农业产业化经营,应重点抓好以下 5 个关键环节。

(一)因地制宜,确定区域特色优势产业

市场经济条件下,区域主导产业的确定是实施农业产业化经营的重要前提。确定主导产业要遵循因地制宜、扬长避短的原则,以市场为导向,立足本地的资源禀赋条件和特色优势,发展各具特色、布局合理的优势产业和产品,从而形成区域性特色主导产业。如甘肃的玉米制种、酿造原料、马铃薯、中药材生产基地,新疆的优质彩棉、糖料生产基地,四川的优质亚热带水果生产基地,云南、贵州的花卉、烟草生产基地,青海、西藏的草地畜牧业生产基地等都是从当地资源优势出发,以市场为导向确定的区域性主导产业。

(二)积极培育农村市场,大力扶持龙头企业

在农业产业化经营中,农户深感信息闭塞、渠道不畅、生产的农产品销售困难。许多乡镇至今尚无成形的农产品集散市场,农户为销售产品,只好将自己的产品运送到有市场的乡镇,这不仅造成利润的外流,而且增加了农民的运输成本、时间成本。因此,各级地方政府应大力发展农产品批发市场,重点加强仓储、保鲜、运输、加工等基础设施建设,增强市场的配套服务功能,有重点、有针对性地进行贯穿城乡、辐射全国、带动功能强的农产品专业批发市场建设,为农业产业化经营创造良好的市场环境。

(三)切实抓好商品农产品基地建设

商品农产品基地是龙头企业的依托,也是农业产业化经营的基础。因此,各地要从自身实际出发,通过调整农业产业结构、优化区域布局,有计划、有步骤地加强农产品商品基地建设,要突出区域特色,选准主攻方向,培育支柱产业,发展特色产品,逐步形成与资源特点和市场需求相适应的区域化经济格局。

(四)建立完善务实高效的农业社会化服务体系

农业社会化服务体系是实施农业产业化经营的重要环节。因此,要逐步建立起以农民专业合作经济组织为基础,以农业经济技术部门为依托,以农民自办服务实体为补充的多行业、多经济

成分、多形式、多层次、高效率、功能齐全、设施配套的农业社会化服务体系，强化农业产前、产中、产后的系列化配套服务，以确保农业产业化经营的持续稳定发展。

（五）完善内部经营机制，正确处理产业化内部的利益分配关系

以经济利益为纽带，形成利益共享、风险共担的分工协作关系是农业产业化经营持久发展的内在动力。因此，应按照市场经济的运行机制，正确处理龙头企业与农户、龙头企业与其他服务组织的关系。应本着欲取先予、让利于民的原则，在产业系统内部统一核定农副产品价格，企业把加工销售环节的部分利润返还给农民；通过预付定金，赊销化肥、种子、饲料的方式、苗木等生产资料，扶持农民进行规模化、标准化生产。积极探索利用契约方式发展订单农业的运行机制，使农业产业化经营组织真正成为风险共担、利益共享的经济共同体。

第二节　农产品营销管理

一、农产品市场营销的概念与特点

（一）农产品市场营销的概念

一般来说，农产品市场是由消费者、购买欲望和购买力组成的。农产品市场营销的任务就是通过一定方法或措施激起消费者的购买欲望，在消费者购买范围内满足其对农产品的需求。

农产品经营者的市场营销就是为了实现农产品经营者的目标，创造、建立、保持与目标市场之间的互利交换和关系，而对农产品经营者的设计方案进行分析、计划、执行和控制。

农产品市场营销，就是在变化的市场环境中，农产品经营者

以满足消费者需要为中心进行的一系列营销活动，包括市场调研、选择目标市场、产品开发、产品定价、产品促销、产品存储和运输、产品销售、提供服务等一系列与市场有关的经营活动。

（二）农产品市场营销的特点

农产品营销的特点和其他产品营销有很多相似性，但因其生产特点、产品特性和消费特点不同，又有与众不同的营销特点。

1. 农产品的生物性、鲜活性

农产品大多是生物性产品，如大米、面粉、蔬菜、瓜果、禽蛋、牛奶、花卉等，具有易腐性，容易失去其鲜活性。如花卉、鱼、鲜牛奶等，存放时间很短。农产品一旦失去鲜活性，价值就会大打折扣。

2. 消费需求的普遍性、大量性和连续性

人们对农产品的消费需求是生存的最基础的需求，农产品的基础性决定了其在需求上具有普遍性，它在满足人们生活基本需求、美化人们的生活等方面发挥着不可替代的作用。而且，数量巨大的人口，决定了对农产品需求的大量性。

另外，由于农产品是人们日常生活所必需的，虽然其生产具有季节性，但农产品的消费却是均衡的，无论是作为人们的日常消费品，还是作为工业生产的原料，其需求是常年和连续的。

3. 农产品品种繁多且可替代性强

一方面，农产品种类规格繁多，无以计数；另一方面，由于农产品的基本功能相似，所含的基本成分类似和基本用途相同，从而造成了农产品之间具有很强的替代性，这些都决定了农产品贸易的复杂性和难度。如白菜价格高涨，萝卜的需求就会增加。

4. 农产品产销矛盾突出、价格波动大

农产品的生产有着较强的季节性与地域性，在产地的生产季节，农产品的上市量非常大，时间也很集中。例如，水果的收获旺季大多在每年的秋季，此时上市的果品特别多，梨、柑橘、苹果等大量水果都集中在此时上市，导致价格下降。又如，柑橘一般只能在南方生产，苹果多在北方生产，所以北方市场的苹果价格低，而柑橘价格高；南方市场的情况则相反。生产的季节性和地域性导致农产品的价格波动比较大。在供过于求的集中上市季节，产品价格会很低；而在供不应求的淡季，产品的价格会非常高。

5. 农产品的质量受产地因素影响较大

农产品在长期的自然进化过程中形成了与当地自然环境条件相适应的生态习性，因此农产品的质量在很大程度上受产地的自然环境因素的影响。同一品种的农产品在不同地方栽培有不同的产品质量。例如，新疆栽培的哈密瓜可能比在其他地方栽培的哈密瓜要甜得多。

6. 农产品的储藏、运输难

部分农产品属于鲜活产品，容易腐烂，不易于储藏和运输，而且有些农产品单位体积较大而价格相对较低，其运输费用相对较高。因此，一方面，要采取各种灵活有效的促销手段，制定合理的销售价格，力争就地多销快销，减少产品损耗；另一方面，要加强产品的产品化处理，采用先进技术，进行农产品的保鲜和储藏，降低产品储藏腐烂率，并选择灵活的流通方式，保持畅通的运输渠道，利用便捷的交通工具和运输路线，尽量减少运输损失，以取得较好的经济效益，达到农产品经营者营销的目标。

7. 农产品的价值低、利润低

农产品的体积较大，单位体积的价值低，运输、储藏等成本高。比如：一袋25千克的面粉售价仅几十元，从小麦收购开始，需要经过粮商收购，运输到面粉加工厂加工后，再送到超市门店,这就需要两次长距离的运输及多次搬运,其运输及搬运的成本就得达到10%以上,导致经营面粉的利润低。

8. 大宗农产品的营销相对稳定,小宗农产品的营销变化无常

需求量巨大的农产品市场需求及供应量相对稳定,市场变化比较平稳。而小宗农产品的需求变化巨大而供应量相对变化也较大,两者变化重叠或反向导致价格剧烈变化。市场上经常出现的"蒜你狠""姜你军"就是典型的例子。

二、农产品的营销策略

(一) 农产品营销渠道类型

1. 农产品批发市场销售

农产品批发市场销售是指通过建立影响力大、辐射能力强的农产品专业批发市场来集中销售农产品。

优点:是销售集中和销量大,能够实现快速集中运输、妥善储藏、加工及保鲜。

缺点:农民经纪人在从事购销经营活动中,一手压低收购价,一手抬高销售价,不仅导致农民利益受损,而且往往造成当地市场价格信号失真,管理混乱;专业市场信息传递途径落后、对市场信息分析处理能力差;市场配套服务设施不健全。

2. 销售公司销售

通过区域性农产品销售公司,先从农户手中收购产品,然后外销。农户和公司之间的关系可以由契约界定,也可以是单纯的买卖关系。

优点:可以有效缓解"小农户"与"大市场"之间的矛盾。

缺点:风险高,特别是就通过契约和合同来确立农户与公司关系的模式而言,由于组织结构相对复杂和契约约束性弱等,这种模式具有较大风险;销售公司和农户之间缺乏有效的法律

规范。

3. 合作组织销售

通过综合性或区域性的社区合作组织如流通联合体、贩运合作社专业协会等合作组织销售农产品。购销合作组织和农民是利益共沾、风险共担的关系。

优点：既有利于解决"小生产"和"大市场"的矛盾，又有利于减小风险；购销组织也能够把分散的农产品集中起来，为农产品的再加工和增值提供可能。

缺点：合作组织普遍缺乏作为市场主体的有效法律身份，不利于解决销售过程中出现的法律纠纷；合作组织普遍缺乏资金，因而普遍缺乏开拓市场的能力；农民参加合作组织的自愿、自主意识不强，并且其本身的运行缺乏动力，决策风险较高。

4. 贩运大户销售

优点：稳定性好。由于销售大户的收益直接取决于其销量，因而"大户"具有很高的积极性，他们会想尽各种办法，如采取定点销售、与零售商分成等方式来稳定销量。

缺点：贩运大户大多是农民，对市场经济知识缺乏深入了解，销售能力有限，而且他们本人又承担巨大风险，比如对于进行农产品外运的大户来说，会遇到诸多困难，像天气、运输、行情等。

5. 农户直接销售

农产品生产农户通过自家人力、物力把农产品销往周边或其他各地区。

优点：销售灵活；农民的获利大，农户自行销售避免了经纪人、中间商、零售商的盘剥，能使农民获得实实在在的利益。

缺点：销量小，即使是农业生产大户，主要依靠自己的力量销售农产品，毕竟很有限，而且难以形成规模效应；一些农民法律意识、卫生意识淡薄，容易受到城市社区的排斥。

6. 农业企业销售

农业企业将自己生产的农产品，或加工过的农产品销售给中间商或直接销售给消费者。

优点：一旦有了知名品牌后，企业就可以获得超过产品本身的超额价值。

缺点：一个品牌的创建初期需要投入大量的人力、物力和财力，这也许是很多小的农业企业所不能承受的。

(二) 农产品营销策略

1. 高品质化策略

随着人们生活水平的不断提高，对农产品品质的要求越来越高，优质优价正成为新的消费动向。要实现农业高效，必须实现农产品优质，实行"优质优价"高产高效策略。把引进、选育和推广优质农产品作为抢占市场的一项重要的产品市场营销策略。淘汰劣质品种和落后生产技术，以质取胜，以优发财。

2. 低成本化策略

价格是市场竞争的法宝，同品质的农产品，价格低的竞争力就强。生产成本是价格的基础，只有降低成本，才能使价格竞争的策略得以实施。要增强市场竞争力，必须实行"低成本、低价格"策略。加大领先新技术、新品种、新工艺、新机械，减少生产费用投入，提高产出率；要实行农产品的规模化、集约化经营，努力降低单位产品的生产成本，以低成本支持低价格，求得经济效益。

3. 大市场化策略

农产品销售要立足本地，关注身边市场，着眼国内外大市场，寻求销售空间，开辟空白市场，抢占大额市场。开拓农产品市场，要树立大市场观念，实行产品市场营销策略，定准自己产品销售地域，按照销售地的消费习性，生产适销对路的产品。

4. 多品种化策略

农产品消费需求的多样化决定了生产品种的多样化，一个产品不仅要有多种品质，而且要有多种规格。要根据市场需求和客户要求，生产适销对路的各种规格的产品。实行"多品种、多规格、小批量、大规模"策略，满足多层次的消费需求，开发全方位的市场，化解市场风险，提高综合效益。

5. 反季节化策略

农产品生产的季节性与市场需求的均衡性的矛盾带来的季节差价，蕴藏着巨大的商机。要开发和利用好这一商机，关键是要实行"反季节供给，高差价赚取"策略。实行反季节供给，主要有3条途径：一是实行设施化种养，使产品提前上市；二是通过储藏保鲜，延长农产品销售期，变生产旺季销售为生产淡季销售或消费旺季销售；三是开发适应不同季节生产的品种，实行多品种错季生产上市。要实施产品市场营销策略。要在分析预测市场预期价格的基础上，搞好投入—产出效益分析，争取好的收益。

6. 嫩乳化策略

人们的消费习惯正在悄悄变化，粮食当蔬菜吃，黄豆要吃青毛豆，蚕豆要吃青蚕豆，猪要吃乳猪，鸡要吃仔鸡，市场出现推崇嫩鲜食品的新潮。农产品产销应适应这一变化趋向，这方面发展潜力很大。

7. 土特化策略

近年来，人们的消费需求从盲目崇洋转向崇尚自然野味。热衷土特产品，蔬菜要吃野菜，因此要搞好地方传统土特产品的开发，发展品质优良特产。以特优质产品抢占市场，开拓市场，不断适应变化着的市场需求。

8. 加工化策略

发展农产品加工,既是满足产品市场营销的需要,也是提高农产品附加值的需要,发展以食品工业为主的农产品加工是世界农业发展的新方向、新潮流。世界发达国家农产品的加工品占其生产总量的90%,加工后增值2~3倍;我国加工品只占其总量的25%,增值25%,因此我国农产品加工潜力巨大。

9. 标准化策略

我国农产品在国内外市场上面临着国外农产品的强大竞争,为了提高竞争力,必须加快建立农业标准化体系,实行农产品的标准化生产经营。制定完善一批农产品产前、产中、产后的标准,形成农产品的标准化体系,以标准化的农产品争创名牌,抢占市场。

10. 名片化策略

要以名牌产品开拓市场。一是要提高质量,提升农产品的品位,以质创牌;二是要搞好包装,美化农产品的外表,以面树牌;三是开展农产品的商标注册,叫响品牌名牌,以名创牌;四是加大宣传,树立公众形象,以势创牌。

三、农产品网络营销新模式

(一) 网络营销的概念和特点

1. 网络营销的概念

随着因特网的普及和发展,电子商务也开始在经济领域逐步发挥其举足轻重的作用。而伴随着电子商务的兴起,网络营销也越来越受到人们的重视。

在给网络营销下一个确切的定义前,有必要先了解一下什么是营销。营销是个人和群体通过创造并同他人交换产品和价值足以满足需求和欲望的一种社会和管理过程。通俗地说,就是企业和顾客之间的交流,这种交流会影响顾客,让他购买公司的产品或服务。这里说的交流,不仅包括对外的交流(比如广告和公共关系),也包括市场调查、顾客群体细分和人口统计研究等活动。

而网络营销是企业以现代营销理论为基础,利用因特网(也包括企业内部网和外部网)技术和功能,最大限度地满足客户需求,达到开拓市场、增加盈利目标的经营过程。简单地说,网络营销就是以互联网作为传播手段,通过对市场的循环营销传播,满足消费者需求和商家需求的过程。广义地说,凡是以互联网为主要手段进行的、为达到一定营销目的的营销活动,都可以称为网络营销。也就是说,网络营销是直销的最新形式,是由因特网替代了传统媒介,其实质是利用互联网对产品的售前、售中、售后各环节进行跟踪服务。它自始至终贯穿在企业经营的全过程,包括市场调查、客户分析、产品开发、销售策略和反馈信息等方面。确切地说,网络营销是企业整体营销战略的一个组成部分,是建立在互联网基础上、借助于互联网特性来实现一定营销目的的一种营销手段。

为了更深刻地理解网络营销的内涵,需要进一步了解与网络营销概念相关的两个概念。

(1)数字营销。网络营销与数字营销密切相关,它们其实是一个事物的两个方面。数字营销强调的是营销中信息交流所运用到的数字化信息技术,它是互联网的基础。数字化是把文本、数据、声音和图像等转化成"比特"流,都是以一连串的"1"和"0"组成的代码来表示,惊人地提高了信息传输的速度。数字营销的核心是互联网,但改变的不只是手段,而是营销模式。在这个模式中,消费者虚拟化,消费行为网络化,广告、调查、分销和结算等可转化为数字化的行为。

(2)许可式营销。许可式营销是另一个与网络营销概念密切相关的概念。"许可"是根据顾客的意愿推销而非强制推销。这也是因特网对传播机制的改变所引来的新概念。传统营销沟通的大众媒体,其信息传播机制是强迫式、单向的;而因特网信息沟通机制是双向的、个性化定向式的,其基本规范是先征得用户的同意和许可,然后按照用户的请求发送相关信息。如果用户在登录注册某网站时表示有房产信息的需求,网站就会将大量最新的房产信息源源不断地发送到他的电子信箱,直到他不再需要为止。

网络营销使我们把市场营销理解为"完整的价值提供过程,并超载公司内部传统的分工界限。"因特网加强了以下7种市场营销功能。

①产品和服务营销:产品营销中心、定价、演示、分销、营销计划、伙伴关系和其他市场策略活动。

②销售达成:通过批发商达成订货和购买、许可、顾客基础的论证,完成货品由卖方至买方分销商、中介和销售代表的过程。

③广告和促销:发展和传播形象,强化品牌的说服性信息。

④顾客和业务跟进:测定顾客需求的市场调查,并评估业务是否满足市场要求。

⑤顾客服务与支持:技术支持、客户服务项目、信息查询、产品注册和保障维护服务。

⑥公司宣传:产品及服务信息、消息报道,对购买者、供货者、承包商、中间商、商务代表和运输商等的信息提供。

⑦顾客沟通:顾客反馈和信息查询。

网络营销的实质是通过网络进行传输的市场营销,它着眼于信息流,使传统市场营销发生了根本的变革。因特网将营销导向信息经济的环境,网络上的电子空间距离,使各方相隔的"时差"（时间间隔）几乎不复存在。因特网的开放性和公众参与性，吸引了越来越多的网络用户，上网人数与网络营销的营销额同步激增。企业可以利用网络制作介绍自身形象的主页、发布多媒体的虚拟产品清单、电子订单或在线客户支持系统，使网络成为市场营销的新途径。

2. 网络营销的特点

随着互联网技术发展的成熟以及联网成本的低廉，互联网好比是一种"万能胶"，将企业、团体、组织以及个人跨时空联结在一起，使得他们之间信息的交换变得唾手可得。市场营销中最重要也最本质的是组织和个人之间进行信息传播和交换。如果没有信息交换，那么交易也就是无本之源。正因如此，互联网具有营销所要求的某些特性，使得网络营销呈现出以下一些特点。

（1）跨时空。营销的最终目的是占有市场份额，互联网能超越时间约束和空间限制进行信息交换，因此使脱离时空限制达成交易成为可能，企业可有更多时间和更大的空间进行营销，可每周7天、每天24小时随时随地地提供全球性营销服务。

（2）多媒体。互联网可以传输多种媒体的信息，如文字、声音、图像等，使信息能以多种形式存在和交换，可以充分发挥营销人员的创造性和能动性。

（3）交互式。互联网通过展示商品图像、商品信息资料库提供有关的查询来实现供需互动与双向沟通，还可以进行产品测试与消费者满意调查等活动。互联网为产品联合设计、商品信息发布及各项技术服务提供最佳工具。

（4）个性化。互联网上的促销是一对一的、理性的、消费者主导的、非强迫性的、循序渐进式的，而且是一种低成本与人性化的促销，避免推销员强势推销的干扰，并通过信息提供与交互式交谈，与消费者建立长期良好的关系。

(5) 成长性。互联网使用者数量快速成长并遍及全球，使用者多属年轻、中产阶级、高教育水准，由于这部分群体购买力强而且具有很强市场影响力，因此是一项极具开发潜力的市场渠道。

(6) 整合性。互联网上的营销可由商品信息至收款、售后服务一气呵成，因此也是一种全程的营销渠道。另外，企业可以借助互联网将不同的传播营销活动进行统一设计规划和协调实施，以统一的传播资讯向消费者传达信息，避免不同传播中不一致性产生的消极影响。

(7) 超前性。互联网是一种功能最强大的营销工具，它同时兼具渠道、促销、电子交易、互动顾客服务，以及市场信息分析与提供的多种功能。它所具备的一对一营销能力，正是符合定制营销与直复营销的未来趋势。

(8) 高效性。计算机可储存大量的信息，可传送的信息数量与精确度远超过其他媒体，并能应市场需求及时更新产品或调整价格，因此能及时有效了解并满足顾客的需求。

(9) 经济性。通过互联网进行信息交换，代替以前的实物交换，一方面可以减少印刷与邮递成本，可以无店面销售，免交租金，节约水电与人工成本；另一方面可以减少多次交换带来的损耗。

(10) 技术性。网络营销是建立在高技术作为支撑的互联网的基础上的，企业实施网络营销必须有一定的技术投入和技术支持，改变传统的组织形态，提升信息管理部门的功能，引进懂营销与计算机技术的复合型人才，未来才能具备市场的竞争优势。

(二) 网络营销与传统市场营销的比较

1. 网络营销与传统营销在环境方面的区别

（1）市场环境的改变。随着信息时代的到来，互联网逐步普及，市场开始转移到网上，开始由现实走向虚拟。

（2）媒体的变化。互联网作为新兴媒体开始逐步抢占报纸、广播、电视等传统媒体的阵地。

（3）消费者不同。目前，消费者的消费倾向开始由大众化消费向个性化消费转变。

（4）营销职能的不同。在现行的网络营销中，顾客成为"兼职雇员"，从以往的被动转为主动，进而成为参与营销活动必不可少的合作者。

2. 网络营销与传统营销在规则方面的不同

（1）网络社会的竞争优势不是来自垄断的技术，而是来自吸引和保持顾客的能力。众所周知。Linux 营销方式的成功已经证明，吸引顾客的注意力和留住顾客将成为营销中压倒一切的首要目标。

（2）通过降低成本来增强竞争优势。使用互联网可以明显降低运作成本、流通成本和传播成本。例如，原来要找一个新顾客需要 20~300 元，而使用互联网只需要 2~3 元。

（3）用虚拟过程来消灭库存。"零库存"在传统营销中很少听到，但在网络营销中通过再造通路、物流、供应链的流程却是比较容易实现的。

（4）网络营销赋予顾客新的含义。顾客在网络营销中充当的不仅仅是营销的对象和目标，而是亲身参与到营销当中，成为参与者甚至控制者。

（5）传统的与顾客沟通和建立关系的方式不复存在。和顾客打交道全部在网络上进行，面对面的交流被取代。

3. 与传统营销相比网络营销的优势

（1）网络营销是一种以消费者为导向，强调个性化的营销方式。网络营销的最大特点就是以消费者为主导。消费者可以根据自己的个性和需求在互联网所能达到的世界各地寻找自己想要的东西，不再受地域和时间限制。消费者也可以查询更多的产品信息，从而使自己的个别消费心理得到最大的满足。

网络营销的这种个性化方向要求厂商重新考虑其策略，一定要把消费者的个性需求作为提供产品和服务的出发点。企业可以将大量的信息以数字化的形式置于互联网上，用极低的成本发送出去并及时根据需要进行修改。这样既节省了成本，又可以根据消费者反馈的信息调整营销的目标和方法或提供个别的服务。

（2）网络的互动性使得全程营销成为可能。不管是传统营销的4P组合，还是网络营销所追求的4C组合，都离不开一个前提，就是企业必须从产品的开发阶段就要充分考虑消费者的需求，即进行全程营销。但由于缺乏与消费者沟通的有效手段或沟通成本过高，企业往往缺乏足够的资金用于了解消费者的各种潜在需求，只能凭借自身能力或参照市场领导者的策略进行产品开发，而消费者也只能就成品提出批评和建议，触及不到底层的研制或规划。网络的出现为这个问题的解决提供了一个十分方便且有效的手段。通过互联网，企业可以用很低的成本对营销的全过程进行调查，消费者则有机会对产品从设计到定价和服务等一系列问题发表意见。这种双向互动的沟通方式提高了消费者的参与性和积极性，更重要的是它能使企业的决策有的放矢，从根本上提高消费者的满意度。

（3）网络营销极大地方便了消费者购物，提高了消费者的购物效率。生活在现代都市里的人们应该都有上街购物的经历，日益丰富的货架、琳琅满目的商品确实给人一种充实感。但随着生活节奏的加快，人们不再去追求货比三家的实惠，讨价还价的快感，而是要充分考虑时间的价值。但一个简简单单的购物却也需要经历挑选、付款结算、包装和取货等几个步骤。再加上购买的路途及等待时间，消费者为购买商品所付出的时间和精力是无法衡量的。其实，当代人们更注重闲暇时间，希望利用闲暇时光进行一些有益于身心的活动，所以外出购物的时间就越来越少了。网络的出现给人们购物提供了另一幅画面。在这里，购物不再是一种时间的流逝，而成了一种消遣方式，你可以尽情浏览五彩缤纷的商品，同时又可以完成你的交易。互联网不仅简化了购物过程，而且还拥有一些传统购物中所享受不到的购物乐趣。首先，网络在售前给消费者提供了许多产品的信息及相关资料，消费者可以足不出户而货比三家，通过合适的性价比来选择自己所需要的商品；其次，消费者不必再去体会交通堵塞和人满为患的痛苦，也不再为不能送货上门而烦恼，网络可以解决这些消费难题，消费者只需轻点鼠标，就可以静等货物进家门了。总之，网络营销简化了购物环节，节省了消费者的时间和精力，将购买过程中的麻烦减到最少。

（4）网络营销可以使消费者获得理想的价格。由于网络营销也为企业节省了巨额的促销和流通费用，从而使产品的成本随之降低，产品的价格也就有了更大的下调空间。消费者可以在全球范围内寻找最优惠的价格，使得企业在价格方面的竞争更加激烈。

消费者迫切需要一种新的快速方便的购物方式和服务，使自身的需求得到最大限度的满足。消费者价值观的这种变革需要网络营销，而网络营销在一定程度上也满足了消费者的这种需求。

(三) 农产品网络营销的对策

1. 在生产环节，实现农业生产的标准化

"互联网+"农业可以从生产环节彻底改造农业，使农业自动化、精准化、可追溯，减少人力，降低成本，并最终实现农产品生产的标准化。应用互联网技术，可以通过各种无线传感器实时采集农业生产现场的光照、温度、湿度等参数及农产品生长状况等信息，再将采集的参数信息汇总整合，最后通过智能系统进行定时、定量、定位处理，及时精确地遥控指定农业设备的开启或是关闭，真正实现"智能化农业"。

2. 在流通环节，创建廉价且高效的销售入口

农产品网络营销可以农业电子商务的形式体现，建立农产品信息平台、大力发展智能农业和农村电商，通过电商进行销售，可以使用户足不出户、舒适便捷地选择到自己心仪的产品，并充分发挥了本地产销企业流半径小、安全控制能力强的本土优势。同时作为一种新型销售模式，电商也是促进本土农产品实现优质优价的最有效途径之一。还可以利用各类社会化媒体及通信工具作为农产品提供便利的营销入口，微博、微信、QQ等都是免费的资源，营销成本极低。

3. 在经营环节，基于互联网思维的"搭平台"，升级农产品经营模式

互联网农业的营销策略良好地运用市场细分理念，运用大数据精准定位目标客户，避免泛化营销；运用无障碍频繁自由的互联网沟通工具，实现与客户的密切互动，不断改进产品质量；互联网平台从根本上改变农业生产和销售的关系，运用大数据分析定位消费者的需求，按照消费者的需求去组织农产品的生产和销售，从而实现农产品的零库存。互联网农业实现了从生产商向服务商转型，使农民、消费者和市场紧密融合。酒香不怕巷子深，

农业已经进入营销新时代,将互联网思维用在农产品规格、包装、生产、渠道等环节,可以解决小规模生产问题。而"互联网+",将给农产品带来颠覆性价值,其绝对不仅仅是渠道的补充,更是让所有企业能够更进一步地接近、理解自己的消费群体,能够定制化推出既引导和满足消费者深层心理需求,又能够持续为企业贡献巨大利润、提升企业品牌价值和知名度的"战略新品"。

4. 在配套环节,用互联网来提升农村金融服务

规模化、信息化、现代化和智能化的农业经营,需要更大的资金投入,我国的农村金融服务并不能满足农民的需要。当前我国互联网农村金融服务主要集中在两个方面。一是小额信贷。农村信贷的主要服务对象多为养殖、餐饮、零售等小规模经营者,因此信贷额度小、资金分散。相对于大额信贷而言,借款人的资金安全更加有保障。小额贷款的农村互联网模式是通过互联网聚集借款人以及投资人,再通过相关风险控制体系筛选有能力的借款人以及投资人,使其对接交易的O2O模式。二是农业保险。目前我国商业保险公司开展农业保险的积极性较低,农业保险险种较少,主要是因为农业生产经营风险大、保险赔付率高。通过运用互联网的信息采集能力和大数据分析能力,农业保险的赔付率高的问题将可以得到显著改善。

5. 在人才培养环节,可以吸纳新知

利用互联网思维和技术,吸引中产阶级新知识农民投资创业,通过互联网技术实现农业产供销的全程追溯,创造出真正的现代化互联网农业。总之,通过互联网思维的导入,随着互联网知识技术应用到农业经营的各个环节,可以逐步升级传统农业的产业链,提高农产品价值,克服传统农业种种弊端,最终发展成为新型"互联网农业"。

第三节 农产品质量安全管理与品牌建设

一、农产品质量安全管理

(一) 农产品与农产品质量安全的概念

1. 农产品

根据《中华人民共和国农产品质量安全法》第二条的规定，农产品是指来源于种植业、林业、畜牧业和渔业等的初级产品，即在农业活动中获得的植物、动物、微生物及其产品。农产品包括在农业活动中直接获得的未经加工的以及经过分拣、去皮、剥壳、粉碎、清洗、切割、冷冻、打蜡、分级、包装等粗加工，但未改变其基本自然性状和化学性质的初加工产品。

2. 农产品质量安全

随着经济的发展，人民生活水平不断提高。现在人们不仅要求吃得饱，而且还要求吃得好，也就对农产品质量的要求越来越严格。通常所说的农产品质量既包括涉及人体健康、安全的质量要求，也包括涉及产品的营养成分、口感、色香味等非安全性的一般质量指标。广义的农产品质量安全是农产品数量保障和质量安全，《中华人民共和国农产品质量安全法》对农产品质量安全的定义为：农产品质量达到农产品质量安全标准，符合保障人的健康、安全的要求。"数量"层面的安全是"够不够吃"的问题，"质量"层面的安全是要求食物营养卫生，对健康无害。狭义的农产品质量安全是指农产品在生产加工过程中所带来的可能对人、动植物和环境产生危害或潜在危害的因素，如农药残留、兽药残留、重金属污染、亚硝酸盐污染等。

农产品来源于动物和植物，受各种污染的机会很多，其污染

第七章 经营管理素养

的方式、来源及途径是多方面的，在生产、加工、运输、储藏、销售、烹饪等各个环节均可能出现污染，因此食用农产品质量安全不仅仅局限于生物性污染、化学物质残留及物理危害，还包括如营养成分、包装材料及新技术等引起的污染。

农产品质量安全必须符合国家法律、行政法规和强制性标准的规定，满足保障人体健康、人身安全的要求，不存在危及健康和安全的危险因素。农产品中不应含有可能损害或威胁人体健康的因素，不应导致消费者急性或慢性毒害，或感染疾病，或产生危及消费者及其后代健康的隐患。

（二）农产品质量安全管理的特点

1. 科学管理

遵循国际通行的农产品质量安全管理的风险评估与全程追溯理论。国务院农业农村主管部门应当设立由农业、食品、营养、生物、环境、医学、化工等方面专家组成的农产品质量安全风险评估专家委员会，对可能影响农产品质量安全的潜在危害进行风险分析和评估。国务院卫生健康、市场监督管理等部门发现需要对农产品进行质量安全风险评估的，应当向国务院农业农村主管部门提出风险评估建议。国务院农业农村主管部门应当根据农产品质量安全风险监测、风险评估结果采取相应的管理措施，并将农产品质量安全风险监测、风险评估结果及时通报国务院市场监督管理、卫生健康等部门和有关省、自治区、直辖市人民政府农业农村主管部门。

2. 规范生产

各级各类农业生产经营主体必须明确农产品标准化生产、规范化管理的规定。国家应鼓励支持农业生产经营主体生产优质农产品，禁止生产、销售不符合国家规定的农产品质量安全标准的农产品；禁止在特定农产品禁止生产区域种植、养殖、捕捞、采集特定农产品和建立特定农产品生产基地;禁止违反有关环境保护法律、法规向农产品产地排放或者倾倒废水、废气、固体废物或者其他有毒有害物质。农业生产用水和用作肥料的固体废物,应当符合法律、法规和国家有关强制性标准的要求;农产品在包装、保鲜、储存、运输中使用保鲜剂、防腐剂、添加剂、包装材料等,也应符合国家有关强制性标准以及其他农产品质量安全规定,通过净化产地环境,提高农业标准化生产水平,确保农产品质量安全。

3. 市场准入

农产品市场准入就是经有资质的认证机构或权威部门认证(认定)的安全农产品(包括绿色食品、有机食品、承诺达标合格证产品),或经检验证明其质量安全指标符合国家安全卫生、无公害或检疫等方面的法律、法规、标准及其他质量安全方面规定的农产品准予上市交易和销售,对未经认证(认定)或检测(检疫)不合格的农产品,不准上市交易和销售的制度规定。随着人们生活水平的逐渐提高,人们越来越关注食品的安全和身体健康。然而,由于农产品生产环境污染,农药、化肥使用不当和不法奸商的恶意行为,致使农产品中残留的有毒有害物质严重超标。通过市场准入机制倒逼生产、销售单位及个人严格自律、规范行为。

4. 法定责任

为确保农产品质量安全,必须明确规定农产品生产者、销售者、技术机构和管理者的法律责任。应按照"地方政府负总责、监管部门各负其责、生产经营者是第一责任人"的要求,着力构建"分兵把守、协调配合、全国一盘棋"的监管机制。要进一步明确各级农业农村部门在农产品质量安全监管过程中的职责和任务,尽快建立权责一致的农产品安全监管业绩考核评价机制,推动各地将农产品质量安全监管纳入地方政府绩效考核重点,积极做好农业农村部农产品质量安全监管绩效管理在省级农业农村部门的延伸试点工作。对在农产品质量安全监管工作中的失职、渎职行为,要依据法律法规,严肃问责。

5. 救助

应使公众和被监管对象有反映问题、陈述理由的公共信息传递平台和通道。《中华人民共和国农产品质量安全法》明确规定:农产品生产经营者对监督抽查检测结果有异议的,可以自收到检测结果之日起五个工作日内,向实施农产品质量安全监督抽查的农业农村主管部门或者其上一级农业农村主管部门申请复检;因检测结果错误给当事人造成损害的,政府部门和相关机构依法承担赔偿责任。国家鼓励消费者协会和其他单位或者个人对农产品质量安全进行社会监督。任何单位和个人都有对农产品质量安全违法行为进行检举控告、投诉举报的权利。生产、销售违反《中华人民共和国农产品质量安全法》第三十六条规定的农产品给消费者造成损害的,农产品生产者、销售者依法承担赔偿责任。若在农产品批发市场中销售的,消费者可直接向农产品批发市场要求赔偿。

6. 全程

对农产品实施生产、流通环节全程质量安全监管。县级以上人民政府农业农村主管部门和市场监督管理等部门应当建立健全农产品质量安全全程监督管理协作机制,确保农产品从生产到消费各环节的质量安全。县级以上人民政府农业农村主管部门应当根据农产品质量安全风险监测、风险评估结果和农产品质量安全状况等,制定监督抽查计划,确定农产品质量安全监督抽查的重点、方式和频次,并实施农产品质量安全风险分级管理。监督抽查检测应当委托符合《中华人民共和国农产品质量安全法》第四十八条规定条件的农产品质量安全检测机构进行。监督抽查不得向被抽查人收取费用,抽取的样品应当按照市场价格支付费用,并不得超过国务院农业农村主管部门规定的数量。上级农业农村主管部门监督抽查的同批次农产品,下级农业农村主管部门不得另行重复抽查。县级以上地方人民政府农业农村主管部门应当加强对农产品生产的监督管理,开展日常检查,重点检查农产品产地环境、农业投入品购买和使用、农产品生产记录、承诺达标合格证开具等情况。

(三) 农产品质量安全管理的原则

1. 源头治理原则

农产品质量安全是在生产过程中产生的,因此,农产品质量安全管理应打破长期以来"反弹琵琶"的工作方法,强调从源头入手,加强污染源控制:一是加强动植物病虫害防治造成的污染管理,攻克化学性农药、兽药残留等关键性源头污染;二是加强农产品产地环境污染管理,重点是对产地铅、砷、镉等本地污染以及灌溉用水、"三废"污染的重点防范;三是加强农业投入品污染管理,重点是对违禁药物使用和农业投入品不科学、不合理使用的防范。

2. 市场准入原则

不合格、不安全农产品只有做到不准上市销售,农产品质量安全管理的各项措施才能真正落到实处。因此,在农产品质量安全管理过程中,各级农业农村主管部门应积极推行认证合格、检测合格后方可上市销售的做法。农产品批发市场应当建立健全农产品承诺达标合格证查验等制度,鼓励和支持农户销售农产品时开具承诺达标合格证。农产品批发市场应当按照规定设立或者委托检测机构,对进场销售的农产品质量安全状况进行抽查检测,发现不符合农产品质量安全标准的,应当要求销售者立即停止销售,并向所在地市场监督管理、农业农村等部门报告。农产品销售企业对其销售的农产品,应当建立健全进货检查验收制度,经查验不符合农产品质量安全标准的,不得销售。

3. 标准化生产原则

按照国际惯例,不但终端产品要安全,而且必须保证过程要规范,风险和隐患必须消灭在生产过程之中,这是农产品质量安全管理最根本性的保障措施。为此,在农产品质量安全管理过程中,必须坚持:以统一规范的技术文本为依据,以示范基地建设为载体,以达标合格农产品生产技术培训为手段,以提高生产者质量安全意识和生产保证能力为落脚点,狠抓过程控制,通过提高农业的标准化生产水平,使农产品的质量安全达到确保人民身心健康的要求。

4. 产销对接原则

产销对接原则就是通过农产品生产者与农产品批发市场两端建立自律机制,明确双方的责任和义务,并通过合同契约形式将农产品生产者与销售者的责任、义务明晰化、具体化、法治化,实现从地头到餐桌的全程控制,确保农产品生产、销售环节不出现任何质量安全问题,敦促生产者与销售者安全生产、规范经营,行为自律,以保证上市销售农产品的质量安全水平。

(四) 农产品质量安全管理措施

1. 加强生产过程监管,净化农产品产地环境

要分期分批创建一批农产品生产基地,要加强农产品产地管理,改善农产品生产条件,禁止违反法律、法规向农产品产地排放或者倾倒废水、废气、固体废物或者其他有毒有害物质,禁止在有毒有害物质超过规定标准的区域生产、捕捞、采集农产品和建立农产品生产基地。严格农业投入品管理,定期向社会公布禁用、限用及推荐的农业投入品品种目录,严格执行农药、兽药、

饲料添加剂等农业投入品禁用和限用目录,确保在农业生产中使用的农业投入品安全可靠。

2. 推行农业标准化生产,严格执行农产品包装、标示规定

加快培育农业产业化龙头企业,扶持一批农业产业化龙头企业牵头、家庭农场和农民合作社跟进、广大小农户参与的农业产业化联合体,带动大规模标准化生产,严格执行农业投入品使用安全间隔期或休药期的规定,禁止使用国家明令禁止的农业投入品。农产品生产企业、农民专业合作社、农业社会化服务组织要建立完善农产品生产记录,如实记载生产中使用农业投入品的情况、动物疫病和植物病虫草害的发生和防治情况以及农产品收获、屠宰、捕捞的日期等情况。要根据不同农产品的特点,逐步推行产品分级包装上市和产地标识制度。

3. 完善农产品市场准入制度,加大主体问责处罚力度

国务院农业农村主管部门应当会同国务院市场监督管理等部门建立农产品质量安全追溯协作机制。国家鼓励具备信息化条件的农产品生产经营者采用现代信息技术手段采集、留存生产记录、购销记录等生产经营信息。全面推动承诺达标合格证制度试行工作,逐步建立完善以承诺达标合格证为载体的食用农产品产地准出、市场准入衔接机制,实现地产农产品从"田间到餐桌"全过程质量安全追溯。依据《中华人民共和国农产品质量安全法》,积极探索不合格农产品召回、理赔和退出市场流通的机制,对不符合质量安全标准的农产品不仅要责令经营主体停止生产与销售,而且还要进行无害化处理或监督销毁。

4. 重视"三品一标"认证,推动农产品保障体系建设

根据农产品质量安全监管需要,积极推动农产品标准体系、检验检测体系与认证体系建设。要按照国际标准,抓紧制定急需的农产品质量安全标准,及时清理、修订过时的农业国家标准、

行业标准和地方标准。要推行农产品快速检测制度，倡导在农产品生产基地、批发市场、农贸市场开展农药残留、兽药残留等有毒有害物质残留检测，及时公布检测结果。要加强农产品质量安全认证体系建设，积极推行GAP（良好农业规范）、HACCP（危害分析与关键控制点）体系认证，积极开展全国农产品全程质量控制技术体系（CAQS-GAP）试点工作。按照新阶段农产品"三品一标"的新内涵、新要求，通过发展绿色、有机和地理标志农产品，推行承诺达标合格证制度，探索构建农产品质量安全治理新机制。

（五）农产品质量安全认证

1. 绿色食品认证

2022年最新修订的《绿色食品标志管理办法》指出：中国绿色食品发展中心负责全国绿色食品标志使用申请的审查、颁证和颁证后跟踪检查工作。省级人民政府农业行政农村部门所属绿色食品工作机构（以下简称省级工作机构）负责本行政区域绿色食品标志使用申请的受理、初审和颁证后跟踪检查工作。

申请使用绿色食品标志的生产单位，应当具备下列条件：能够独立承担民事责任；具有绿色食品生产的环境条件和生产技术；具有完善的质量管理和质量保证体系；具有与生产规模相适应的生产技术人员和质量控制人员；具有稳定的生产基地；申请前三年内无质量安全事故和不良诚信记录。

申请认证产品条件：申请使用绿色食品标志的产品，应当符合《中华人民共和国食品安全法》《中华人民共和国农产品质量安全法》等法律法规规定，在国家知识产权局商标局核定的范围内，并具备下列条件：产品或产品原料产地环境符合绿色食品产地环境质量标准；农药、肥料、饲料、兽药等投入品使用符合绿色食品投入品使用准则；产品质量符合绿色食品产品质量标准；

包装贮运符合绿色食品包装贮运标准。

绿色食品认证的程序：申请人提交申请和相关材料，经过文审、现场检查，同时安排环境质量现状调查和产品抽样，检查结果、环境检测和产品检测报告汇总后，合格者颁发证书。证书有效期是 3 年。绿色食品认证程序如下。

（1）申请。申请人应当向省级工作机构提出申请，并提交下列材料：标志使用申请书；产品生产技术规程和质量控制规范；预包装产品包装标签或其设计样张；中国绿色食品发展中心规定提交的其他证明材料。

（2）受理。省级工作机构应当自收到申请之日起 10 个工作日内完成材料审查。符合要求的，予以受理，并在产品及产品原料生产期内组织有资质的检查员完成现场检查；不符合要求的，不予受理，书面通知申请人并告知理由。现场检查合格的，省级工作机构应当书面通知申请人，由申请人委托符合要求的检测机构对申请产品和相应的产地环境进行检测；现场检查不合格的，省级工作机构应当退回申请并书面告知理由。

（3）现场抽样。检测机构接受申请人委托后，应当及时安排现场抽样，并自产品样品抽样之日起 20 个工作日内、环境样品抽样之日起 30 个工作日内完成检测工作，出具产品质量检验报告和产地环境监测报告，提交省级工作机构和申请人。检测机构应当对检测结果负责。

（4）认证审核。省级工作机构应当自收到产品检验报告和产地环境监测报告之日起 20 个工作日内提出初审意见。初审合格的，将初审意见及相关材料报送中国绿色食品发展中心。初审不合格的，退回申请并书面告知理由。省级工作机构应当对初审结果负责。中国绿色食品发展中心应当自收到省级工作机构报送的申请材料之日起 30 个工作日内完成书面审查，并在 20 个工作

第七章 经营管理素养

日内组织专家评审。必要时，应当进行现场核查。

（5）认证评审。中国绿色食品发展中心应当根据专家评审的意见，在5个工作日内做出是否颁证的决定。同意颁证的，与申请人签订绿色食品标志使用合同，颁发绿色食品标志使用证书，并公告；不同意颁证的，书面通知申请人并告知理由。

（6）颁证。绿色食品标志使用证书是申请人合法使用绿色食品标志的凭证，应当载明准许使用的产品名称、商标名称、获证单位及其信息编码、核准产量、产品编号、标志使用有效期、颁证机构等内容。绿色食品标志使用证书分中文、英文版本，具有同等效力。

绿色食品标志使用证书有效期3年。证书有效期满，需要继续使用绿色食品标志的，标志使用人应当在有效期满3个月前向省级工作机构书面提出续展申请。省级工作机构应当在40个工作日内组织完成相关检查、检测及材料审核。初审合格的，由中国绿色食品发展中心在10个工作日内做出是否准予续展的决定。准予续展的，与标志使用人续签绿色食品标志使用合同，颁发新的绿色食品标志使用证书并公告；不予续展的，书面通知标志使用人并告知理由。标志使用人逾期未提出续展申请，或者申请续展未获通过的，不得继续使用绿色食品标志。

2. 有机产品认证

国家市场监督管理总局2022年修订的《有机产品认证管理办法》指出：有机产品认证是指认证机构依照本办法的规定，按照有机产品认证规则，对相关产品的生产、加工和销售活动符合中国有机产品国家标准进行的合格评定活动。国家市场监督管理总局负责全国有机产品认证的统一管理、监督和综合协调工作。地方市场监督管理部门负责所辖区域内有机产品认证活动的监督管理工作。国家推行统一的有机产品认证制度，实行统一的认证目录、统一的标准和认证实施规则、统一的认证标志。国家市场监督管理总局负责制定和调整有机产品认证目录、认证实施规则,并对外公布。

有机产品认证机构应当依法取得法人资格,并经国家市场监督管理总局批准后,方可从事批准范围内的有机产品认证活动。目前有机认证机构众多,生产者在选择有机产品认证机构时一定要注意核实,该认证机构是否经过中国国家认证认可监督管理委员会(CNCA)、中国合格评定国家认可委员会等权威部门认可,拥有正式批准号等。下面以农业农村部主管的中绿华夏有机食品认证中心(China Organic Food Certification Center,简称COFCC)的认证流程为例,说明申请认证有机产品的工作程序。

(1)申请。

①申请人登录 www.ofcc.org.cn 下载填写《有机产品认证申请书》和《有机产品认证调查表》,下载《有机产品认证书面资料清单》并按要求准备相关材料。

②申请人提交《有机产品认证申请书》《有机产品认证调查表》《有机产品认证书面资料清单》要求的文件,提出正式申请。

③申请人按《有机产品》国家标准第4部分的要求,建立本企业的质量管理体系、质量保证体系的技术措施和质量信息追踪及处理体系。

(2)文件审核。认证机构在收到认证委托人申请材料后完成材料审核,并做出是否受理的决定。审核合格后,认证中心根据项目特点,依据认证收费细则,估算认证费用,向企业寄发《受理通知书》和《有机产品认证检查合同》(简称《检查合同》)。若审核不合格,认证中心通知申请人且当年不再受理其申请。申请人确认《受理通知书》后,与认证中心签订《检查合同》。根据《检查合同》的要求，申请人交纳相关费用，以保证认证前期工作的正常开展。

（3）实地检查。企业寄回《检查合同》及缴纳相关费用后，认证中心派出有资质的检查员。检查员应从认证中心取得申请人相关资料，依据《有机产品认证实施规则》的要求，对申请人的质量管理体系、生产过程控制、追踪体系以及产地、生产、加工、仓储、运输、贸易等进行实地检查评估。必要时，检查员需对土壤、产品抽样，由申请人将样品送指定的质检机构检测。

（4）撰写检查报告。检查员完成检查后，在规定时间内，按认证中心要求编写检查报告，并提交给认证中心。

（5）综合审查评估意见。认证中心根据申请人提供的申请表、调查表等相关材料以及检查员的检查报告和样品检验报告等进行综合评审，评审报告提交颁证委员会。

（6）颁证决定。颁证委员会对申请人的基本情况调查表、检查员的检查报告和认证中心的评估意见等材料进行全面审查，做出同意颁证、有条件颁证、有机转换颁证或拒绝颁证的决定。证书有效期为1年。当申请项目较为复杂（如养殖、渔业、加工等项目）时，或在一段时间内（如6个月），召开技术委员会工作会议，对相应项目做出认证决定。

①同意颁证。申请内容完全符合有机标准，颁发有机证书。

②有条件颁证。申请内容基本符合有机产品标准，但某些方面尚需改进，在申请人书面承诺按要求进行改进以后，亦可颁发有机证书。

③有机转换颁证。申请人的基地进入转换期1年以上，并继续实施有机转换计划，颁发有机转换证书。从有机转换基地收获的产品，按照有机方式加工，可作为有机转换产品，即"有机转

换产品"销售。

④拒绝颁证。申请内容达不到有机标准要求,颁证委员会拒绝颁证,并说明理由。

(7)颁证决定签发。颁证委员会做出颁证决定后,认证中心主任授权颁证委员会秘书处(认证二部)根据颁证委员会做出的结论在颁证报告上使用签名章,签发颁证决定。

(8)有机产品标志的使用。根据证书和《有机食(产)品标志使用章程》的要求,签订《有机食(产)品标志使用许可合同》,并办理有机/有机转换标志的使用手续。

(9)保持认证。有机产品认证证书有效期为1年,在新的年度里,COFCC会向获证企业发出《保持认证通知》。获证企业在收到《保持认证通知》后,应按照要求提交认证材料、与联系人沟通确定实地检查时间并及时缴纳相关费用。保持认证的文件审核、实地检查、综合评审、颁证决定的程序同初次认证。

3. 农产品地理标志登记保护

农产品地理标志是指标示农产品来源于特定地域,产品品质和相关特征主要取决于自然生态环境和历史人文因素,并以地域名称冠名的特有农产品标志。此处所称的农产品是指来源于农业的初级产品,即在农业活动中获得的植物、动物、微生物及其产品。农业部于2007年12月发布的《农产品地理标志管理办法》(以下简称《办法》),是专门针对农产品地理标志发布管理的行政法规。《办法》规定,国家对农产品地理标志实行登记制度,经登记的农产品地理标志受法律保护。

(1)申请地理标志登记的农产品。农产品地理标志登记范围是指来源于农业的初级产品,并在《农产品地理标志登记审查准则》规定的目录覆盖的3大行业22个小类内。申请农产品地理标志登记的农产品,应当符合下列条件:称谓由地理区域名称和农产品通用名称构成；产品有独特的品质特性或者特定的生产方式；产品品质和特色主要取决于独特的自然生态环境和人文历史因素；产品有限定的生产区域范围；产地环境、产品质量符合国家强制性技术规范要求。

（2）农产品地理标志登记申请人。农产品地理标志登记申请人为县级以上地方人民政府，根据下列条件择优确定农民专业合作经济组织、行业协会等组织。

①具有监督和管理农产品地理标志及其产品的能力。

②具有为地理标志农产品生产、加工、营销提供指导服务的能力。

③具有独立承担民事责任的能力。

（3）农产品地理标志使用的申请。符合下列条件的单位和个人，可以向登记证书持有人申请使用农产品地理标志。

①生产经营的农产品产自登记确定的地域或范围。

②已取得登记农产品相关的生产经营资质。

③能够严格按照规定的质量技术规范组织开展生产经营活动。

④具有地理标志农产品市场开发经营能力。

（4）农产品地理标志使用的规定。使用农产品地理标志，应当按照生产经营年度与登记证书持有人签订农产品地理标志使用协议，在协议中载明使用的数量、范围及相关的责任义务。农产品地理标志登记证书持有人不得向农产品地理标志使用人收取使用费。

二、农产品品牌建设

（一）品牌的概念

品牌是给拥有者带来溢价、产生增值的一种无形的资产，它的载体是用于和其他竞争者的产品或劳务相区分的名称、术语、象征、记号或者设计及其组合，增值的源泉来自消费者心智中形成的关于其载体的印象。

品牌有广义和狭义之分。广义的"品牌"是具有经济价值的无形资产，用抽象化的、特有的、能识别的心智概念来表现其差异性，从而在人们的意识当中占据一定位置的综合反映。狭义的"品牌"是一种拥有对内对外两面性的"标准"或"规则"，是通过对理念、行为、视觉3方面进行标准化、规则化，使之具备特有性、价值性、长期性、认知性的一种识别系统的总称。这套系统也被称为CIS（corporate identity system）体系。

品牌承载的更多是一部分人对其产品以及服务的认可，是一种品牌商与顾客购买行为间相互磨合衍生出的产物。

（二）农产品品牌形成的基础

农产品是人类赖以生存的主要商品，也是质量隐蔽性很强的商品，需要利用品牌进行产品质量特征的集中表达和保护。农产品品牌战略即通过品牌实力的积累，塑造良好的品牌形象，从而建立顾客忠诚度，形成品牌优势，再通过品牌优势的维持与强化，最终实现创立农产品品牌与发展品牌。

1. 品种不同

不同的农产品品种，其品质有很大差异，主要表现在营养、色泽、风味、香气、外观和口感上，这些直接影响消费者的需求偏好。品种间这种差异越大，就越容易使品种以品牌的形式进入市场并得到消费者认可。

2. 生产区域不同

"橘生淮南则为橘，生于淮北则为枳"，许多农产品即使种类相同，其产地不同也会形成不同特色，因为农产品的生产有最佳的区域。不同区域的地理环境、土质、温湿度、日照、土壤、气候、灌溉水质等条件的差异，都会直接影响农产品品质的形成。

3. 生产方式不同

不同农产品的来源和生产方式也影响农产品的品质。野生动物和人工饲养的动物在品质、营养、口味等方面就有很大的差异；自然放养和圈养的品质差别也很大；灌溉、修剪、嫁接、生物激素等的应用，也会造成农产品品质的差异。采用有机农业方式生产的农产品品质比较好，而采用无机农业生产方式生产的农产品品质较差。

(三) 农产品品牌建设的内容和环节

农产品品牌建设是一项系统工程，一般要注重以下两个方面。

(1) 农产品品牌建设内容主要包括质量满意度、价格适中度、信誉联想度和产品知名度等。质量满意度主要包括质量标志、集体商标、外观形象和口感等要素。价格适中度主要包括定价适中度、调价适中度等。信誉联想度包括信用度、联想度、企业责任感、企业家形象等要素。产品知名度则体现为提及知名度、未提及知名度、市场占有率等。

(2) 农产品品牌建设是一个长期、全方位努力的过程，一般包括规划、创立、培育和扩张 4 个环节。品牌规划主要是通过经营环境的分析，确定产品选择，明确目标市场和品牌定位，制定品牌建设目标。品牌创立主要包括品牌识别系统设计、品牌注册、品牌产品上市和品牌文化内涵的确定等。品牌培育主要内容包括质量满意度、价格适中度、信誉联想度和产品知名度的提升。品牌扩张包括品牌保护、品牌延伸、品牌连锁经营和品牌国际化等。

(四) 注册商标

为农产品注册商标是形成农产品品牌的最好方式。

1. 注册商标的途径

农民专业合作社对其生产、制造、加工、拣选或经销的商品或者提供的服务需要取得商标专用权的，应当依法向国家知识产权局商标局（以下简称商标局）提出商标注册申请。目前，办理各种商标注册事宜有两种途径：一是直接到商标局办理；二是委托国家认可的商标代理机构代理。

直接到商标局办理的，申请人除应按规定提交相应的文件外，还应提交经办人本人的身份证复印件；委托商标代理机构办理的，申请人除应按规定提交相应文件外，还应提交委托商标代理机构办理商标注册事宜的授权委托书。合作社直接办理商标注册事宜的，应到商标局的商标注册大厅办理。商标注册手续比较繁杂。加之注册时间较长，因此合作社注册商标最好找专业的代理机构，通过专业人员指导，可以降低注册风险，提高商标注册成功率。

2. 商标注册申请所需提交的资料

商标图样，注册商标所要使用的商品或服务范围，合作社营业执照复印件。

3. 商标注册申请程序

先对商标进行查询，如果之前没有相同或近似的，申请人就可以制作申请文件，递交申请。申请递交后的1~3个月，商标局会发给《申请受理通知书》，此期间为形式审查阶段。形式审查完毕后，就进入实质审查阶段，这个阶段大约需一年半的时间。如果实质审查合格，就进入公告程序；公告期满，无人提异议的，商标局就会核准注册，颁发《商标注册证》。

根据《中华人民共和国商标法》规定，注册商标的有效期为10年，自核准之日起计算。有效期期满之前6个月可以进行续展并缴纳续展费用，每次续展有效期仍为10年。续展次数不限。如果在这个期限内未提出申请的，可给予6个月的宽展期。若宽展期内仍未提出续展注册的，商标局将其注册商标注销并予以公告。

第八章 责任担当

第一节 认清责任

人无精神不立,国无精神不强。责任与担当的背后需要精神力量的支撑。农业是国计民生的基础,农民是一个特殊的群体,农村是一片广阔的天地。为追逐农业强、农民富、农村美的"三农"梦想,高素质农民应该具备强烈的主人翁责任感,具体涵盖以下内容。

一、自我责任

农民的自我责任指的是每一个人对自身所负有的责任。自我责任需要有血有肉的生命体来实现,没有现实生命的存在,责任就落不到实处,因此个人对生命的责任是至高无上的。我国古代儒家极其重视生命,所谓身体发肤受之父母,不敢损伤;道家也说"贵生养身",损害身体是对自然躯体的破坏,是违反自然之道的行为。我们用现代的语言说就是珍惜生命、善待自己。首先,要强健体魄,拥有健康是一切事业的基础;其次,要完善人格,健全心智才能履行个人义务和责任;最后,要提高修养,具备一定的科技文化素养和公民道德修养是个人参与一切群体活动的前提,也是投身新农村建设和农业现代化建设的基础。

当前,由于市场经济的冲击和错综复杂的社会矛盾,我国农民自我责任的缺失比较严重。

二、家庭责任

家庭是指以一定婚姻关系、血缘关系或收养关系组合起来的社会生活的基本单元。家庭作为一个统一的单位在社会生活中出现，是社会生活的组织细胞。家庭是每个人人生的第一所学校，也是绝大多数人终身离不开的学校。对家庭的责任是一种特殊的亲情责任，这种责任绝大多数是一种没有利益或没有直接利益产生的责任，是为促进家庭的稳定、幸福以及家庭成员的成长、健康生活等而产生的责任。家庭责任的核心是爱和孝。爱和孝是家庭成员承担家庭责任的动力源泉，是中华民族的传统美德。家庭责任一般包含夫妻间的责任、教育抚育子女的责任、赡养老人的责任。

婚姻的直接产物是家庭。作为社会结构最基本的单元，家庭具有整个社会的全部属性。所以夫妻间的基本责任是构成家庭、亲人责任的首要因素。夫妻间的基本责任包括：相爱、忠诚、互助。

婚姻的第二个产物就是子女。不管是什么原因，只要为人父母，教育和抚养子女就是应尽的责任，是不可推卸的重要的家庭责任。

赡养老人是家庭责任的重要组成部分，也是每一个公民的法定责任。在家庭责任中，抚养教育子女的责任和赡养老人的责任是紧密联系在一起的，没有前者就没有后者，这两个责任都是构成家庭稳定和社会和谐的基础。

三、社会责任

古人云：天下兴亡，匹夫有责。高素质农民对社会的责任就是对社会负责,是作为社会的成员对他人、对社会应当承担的职责和义务,也是为保证自己能在社会中持续生存和发展而必须对社会的付出和担当。每个人的生存和发展离不开社会,个人只能存在于社会组织之中,每个人生存所需要的一切,只有通过社会才能取得。同时,社会的发展是通过所有个人的集体努力而实现的,所有人的活动总和构成社会的整体状态。每个人都随时面临着怎样处理个人发展和社会进步、个人自由和社会秩序的关系问题。

在现实社会生活中,"服务人民,奉献社会"是个人承担对社会责任的客观表现。事实上,个人是通过"敬业乐业,创造价值"来实现对社会贡献的,这也是高素质农民实现对家庭责任的经济基础。

"尊重社会,传承文化"就是尊重被社会所认同的共同价值和行为规范。包括遵守社会的基本道德规范,树立民族自信心、自尊心和国家利益观念,自觉传承人类文明成果,自觉践行社会主义核心价值观,传承优秀的村规民约、家规家风,自觉维护国家尊严,保护和传承人类物质文明和精神文明遗产,这些行为都是在履行社会责任。

"保护环境"是对环境负责。农业生产离不开自然环境,农民更要认识到人永远是自然界的一部分。应尊重自然,按照规律保护环境、平衡生态、持续发展,科学安排生产和生活,构建和谐社会,推动经济、文化、生态和社会的繁荣进步。

第二节 勇于担当

作为新时期的高素质农民,能够担当,就意味着要有担当重任的能力。勇于担当的前提是要做到能够担当,这需要高素质农民必须不断学习、不断实践、不断总结,通过学习先进的管理思想、管理技能,自觉担当起农业农村发展的历史使命。

一、提高农业生产经营效益

目前我国农业发展的最大短板是劳动生产率低、产品竞争力弱,在国际市场竞争中处于被动地位。高素质农民要充分发挥主体作用,依靠先进科技和经营管理理念,强化农业科技最新成果的推广应用,探索适度规模经营,不断提高土地产出率、资源利用率、劳动生产率,推动收入稳步增长,并带动周边农民致富,让农业经营有效益,让农业成为有奔头的产业,让农民成为体面的职业。

二、保障粮食安全和主要农产品有效供给

解决14亿人的吃饭问题,是治国安邦的头等大事。目前,我国主要农产品供求仍处于"总量基本平衡、结构性紧缺"的状况,而且随着人口总量增加、城镇人口比重上升、居民消费水平提高、农产品工业用途拓展,我国农产品需求呈刚性增长。高素质农民应大力开展标准化、专业化生产,发展规模化、集约化经营,生产更多更安全的粮食,为确保国家粮食安全和主要农产品有效供给提供基础支撑。

三、引领现代农业发展

当前,我国正处于改造传统农业、发展现代农业的关键时期,农业生产经营方式正从以种养和手工劳动为主,向拓宽领域、广泛采用农业机械和现代科技转变。现代农业已发展成为一二三产高度融合的产业体系。高素质农民懂技术、善经营、能创新、敢创业,能够也应该运用自己掌握的现代农业生产经营理念

和技术去改造传统农业,发展新产业、新业态,应用新技术、新装备,成为推进农业转型升级的新力量。

四、支撑乡村振兴

党的十九大提出实施乡村振兴战略,明确产业兴旺、生态宜居、乡风文明、治理有效、生活富裕的总要求。党的二十大提出,全面推进乡村振兴。党的二十大决策部署为继续做好乡村振兴这篇大文章指明了方向、提供了遵循。高素质农民的观念、知识和能力结构对农业农村改革发展的成效至关重要,应积极发挥主体作用,争做发展产业的主力军、绿色农业的实践者、文明乡风的塑造者、乡村治理的带头人、村民致富的引路人。

第九章 贯彻新发展理念

第一节 创新体制机制

党的十九届五中全会通过的《中共中央关于制定国民经济和社会发展第十四个五年规划和二〇三五年远景目标的建议》，突出新发展理念的引领作用，强调"把新发展理念贯穿发展全过程和各领域"。新发展理念的确立总是同旧发展理念的破除相伴随的，贯彻落实新发展理念必须全面创新发展体制、重塑发展生态，在解决发展动力，增强发展的整体性、协调性、平衡性、包容性等方面破难题、建机制，使各项改革举措落地生根，确保新理念转化为新实践、新行动。

一、构建创新发展体制机制

坚持创新处于我国现代化建设全局中的核心地位，把科技自立自强作为国家发展的战略支撑，面向世界科技前沿、面向经济主战场、面向国家重大需求、面向人民生命健康，深入实施科教兴国战略、人才强国战略、创新驱动发展战略，完善国家创新体系，加快建设科技强国。

一是强化国家战略科技力量。制定科技强国行动纲要，健全社会主义市场经济条件下新型举国体制，打好关键核心技术攻坚战，提高创新链整体效能。

二是提升企业技术创新能力。强化企业创新主体地位，促进各类创新要素向企业集聚。推进产学研深度融合，支持企业牵头组建创新联合体，承担国家重大科技项目；发挥企业家在技术创新中的重要作用，鼓励企业加大研发投入，对企业投入基础研究实行税收优惠；发挥大企业引领支撑作用，支持创新型中小微企业成长为创新重要发源地，加强共性技术平台建设，推动产业链上中下游、大中小企业融通创新。

三是深入推进科技体制改革，完善国家科技治理体系。优化国家科技规划体系和运行机制，推动重点领域项目、基地、人才、资金一体化配置。改进科技项目组织管理方式，完善科技评价机制，加快科研院所改革，加强知识产权保护，加大研发投入，完善金融支持创新体系，弘扬科学精神和工匠精神，健全科技伦理体系，促进科技开放合作。

二、构建协调发展体制机制

坚持实施区域重大战略、区域协调发展战略、主体功能区战略，健全区域协调发展体制机制，完善新型城镇化战略，构建高质量发展的国土空间布局和支撑体系。

一要深入实施区域发展总体战略。推动西部大开发形成新格局，推动东北振兴取得新突破，促进中部地区加快崛起，鼓励东部地区加快推进现代化。支持革命老区、民族地区加快发展，加强边疆地区建设，推进兴边富民、稳边固边。

二要大力推进优势增长极内部协同发展。以疏解北京非首都功能为"牛鼻子"推动京津冀协同发展，以共抓大保护、不搞大开发为导向推动长江经济带发展，加快推进长三角一体化进程，积极打造粤港澳大湾区，建设世界级城市群。

三要推动城乡协调发展。加快农业转移人口市民化，推进有能力在城镇稳定就业和生活的农业转移人口举家进城落户,并与城镇居民享有同等权利和义务。深入实施乡村振兴战略,按照产业兴旺、生态宜居、乡风文明、治理有效、生活富裕的总要求,加快推进农业农村现代化。

四要推动物质文明和精神文明协调发展。在建设高度发达的物质文明的同时,大力推进精神文明建设,确保"两个文明"成果为全体人民所共享。

三、构建绿色发展体制机制

深入实施可持续发展战略,完善生态文明领域统筹协调机制,构建生态文明建设体系,促进经济社会发展全面绿色转型,建设人与自然和谐共生的现代化。

一要从源头抓起,重塑内生动力机制,形成绿色发展方式与生活方式。加快建立绿色生产和消费的法律制度和政策导向,建立健全绿色低碳循环发展的经济体系,构建市场导向的绿色技术创新体系。

二要全面加强生态文明体系建设。加快建立健全以生态价值观念为准则的生态文化体系,以产业生态化和生态产业化为主体的生态经济体系,以改善生态环境质量为核心的目标责任体系,以治理体系和治理能力现代化为保障的生态文明制度体系,以生态系统良性循环和环境风险有效防控为重点的生态安全体系。

三要着力解决突出的环境问题,构建政府为主导、企业为主体、社会组织和公众共同参与的环境治理体系。通过提高污染排放标准,强化排污者责任,健全环保信用评价、信息强制性披露、严惩重罚等制度,实现最突出的环境问题的根本性解决。

四、构建开放发展体制机制

坚持实施更大范围、更宽领域、更深层次的对外开放,依托我国大市场优势,促进国际合作,实现互利共赢。

一是全面提高对外开放水平,推动贸易和投资自由化便利化,推进贸易创新发展,增强对外贸易综合竞争力。

二是完善外商投资准入前国民待遇加负面清单管理制度,有序扩大服务业对外开放,依法保护外资企业合法权益,健全促进和保障境外投资的法律、政策和服务体系,坚定维护中国企业海外合法权益,实现高质量引进来和高水平走出去。

三是完善自由贸易试验区布局,赋予其更大改革自主权,稳步推进海南自由贸易港建设,建设对外开放新高地。

四是稳慎推进人民币国际化,坚持市场驱动和企业自主选择,营造以人民币自由使用为基础的新型互利合作关系。发挥好中国国际进口博览会等重要展会的平台作用。

五是积极参与全球经济治理体系改革,坚持平等协商、互利共赢,推动二十国集团等发挥国际经济合作功能,推动完善更加公正合理的全球经济治理体系。

五、构建共享发展体制机制

坚持把实现好、维护好、发展好最广大人民根本利益作为发展的出发点和落脚点,尽力而为、量力而行,健全基本公共服务体系,完善共建共治共享的社会治理制度,扎实推动共同富裕,不断增强人民群众的获得感、幸福感、安全感,促进人的全面发展和社会全面进步。

一是发展更加公平更有质量的教育。深化教育改革,提高教育质量,促进教育公平,推动义务教育均衡发展,让每个适龄儿童都能接受公平的、高质量的教育,让全体人民都能获得共享教育改革的红利。

二是实现更高质量就业。坚持就业优先战略,将就业优先政策置于宏观政策层面,彻底打破就业、创业市场上的壁垒与身份歧视,完善创业扶持政策,搭好创业平台,打造大众创业、万众创新的新引擎,创造更多参与共享发展的机会。

三是全面推进健康中国建设。把保障人民健康放在优先发展的战略位置,坚持预防为主的方针,深入实施健康中国行动,完善国民健康促进政策,织牢国家公共卫生防护网,为人民提供全方位全周期健康服务。

四是加强社会保障体系建设。建立更加公平更可持续的社会保障制度,实施全民参保计划,基本实现法定人员全覆盖,实现职工基础养老金全国统筹,建立基本养老金合理调整机制,全面实施城乡居民大病保险制度,统筹社会救助体系,推进相关制度的整合,确保困难群众的基本生活。

五是缩小收入差距,迈向共同富裕。要站在社会主要矛盾发生转化的战略高度审视公平与效率的关系,加强和创新社会治理,在做大"蛋糕"的同时分好"蛋糕",确保发展成果惠及全体人民群众,让人民群众有更多获得感,促进社会公平正义。

六是加强和创新社会治理。完善社会治理体系,健全党组织领导的自治、法治、德治相结合的城乡基层治理体系,完善基层民主协商制度,实现政府治理同社会调节、居民自治良性互动,建设人人有责、人人尽责、人人享有的社会治理共同体。

第二节　优化调整产业结构

一、做强现代种养业

种养业既是乡村产业的基础,也是保障粮食等重要农产品供应的关键所在。做强现代种养业,应逐步形成以种养业为基础,

"种养结合、以养促种、创富共赢"的生态种养殖产业体系,推动乡村产业现代化融合发展。

(一) 创新产业组织方式

创新产业组织方式,推动种养业向规模化、标准化、品牌化和绿色化方向发展,延伸拓展产业链,增加绿色优质产品供给,不断提高质量效益和竞争力。

(二) 巩固提升粮食产能

持续提高农业综合生产能力,巩固提升粮食产能,全面落实永久基本农田特殊保护制度,加强高标准农田建设,强化粮食生产功能区和重要农产品生产保护区建设,确保国家粮食安全和重要农产品有效供给。

(三) 有序推进养殖业生产

加强生猪等畜禽产能建设,提升动物疫病防控能力,推进奶业振兴和渔业转型升级。

(四) 发展经济林和林下经济

经济林是森林资源的重要组成部分,是集生态、经济、社会效益于一身,融一二三产为一体的生态富民支撑产业。林下经济是指以林地资源、林下空间和森林生态环境为基础,在林下空间进行的林下种植业、养殖业、相关产品采集加工业和森林旅游业,包括林下产业、林中产业、林上产业,以提高林地生产率、劳动生产率、资金利用率。大力发展经济林和林下经济是把绿水青山变成金山银山最有效、最直接的途径之一。

二、做精乡土特色产业

乡土特色产业是从农民手工艺改造提升出来的乡村产业。各地要因地制宜发展多样化特色种养,加快发展特色食品、特色制造、特色建筑、特色手工业等乡土特色产业。

(一) 发掘一批乡土特色产品

以资源禀赋和独特历史文化为基础，有序开发特色资源，做精乡土特色产业，因地制宜发展小宗类、多样性特色种养，加强地方小品种种质资源保护和开发，充分挖掘农村各类非物质文化遗产资源，保护传统工艺，开发一批乡土特色产业。

(二) 建设一批特色产业基地

围绕特色农产品优势区，积极发展多样化特色粮、油、薯、果、菜、茶、菌、中药材、养殖、林特花卉苗木等特色种养，推进特色农产品基地建设，支持建设规范化乡村工厂、生产车间，全面提升特色农业的绿色化、标准化、品牌化发展水平。

(三) 打造一批特色产业集群

开发人无我有、人有我优、人优我特的特色优势资源，创建"一村一品"示范村镇，打造乡土特色产业品牌化、集群化发展平台载体，推进整村开发、一村带多村、多村连成片，厚植区域经济发展新优势，不断将资源优势转化为产业优势、产业优势转化为经济优势。

(四) 创响一批乡土特色品牌

按照"有标采标、无标创标、全程贯标"要求，制定不同区域不同产品的技术规程和产品标准，发掘一批乡村特色产品和能工巧匠，创响"独一份""特别特""好中优"的"土字号""乡字号"特色产品品牌。

三、提升农产品加工流通业

农产品加工业是指以农、林、牧、渔产品及其加工品为原料所进行的工业生产活动。农产品加工流通作为连接农业生产和消费的桥梁，具有衔接供需、连接城乡、引导生产、促进消费的功能。

(一) 创新农产品流通模式

创新农产品流通模式，完善以农产品批发市场或龙头生产加工企业为核心的农产品流通模式，在实现"农超对接"的基础上，引导"农餐对接""农校对接"等多种方式良性发展，积极推动农产品电子商务等新型流通模式的发展和应用。

(二) 创新流通业态

创新流通业态，鼓励大型电商企业和农产品流通企业积极对接、融合，促进农产品连锁超市等流通业态健康发展，打造扁平化的农产品流通模式。

(三) 加快农产品流通体系建设

加大对农产品流通基础设施的投入，重视关键流通节点的建设。提高农产品流通技术，加大对农产品流通加工技术、保鲜技术、冷链物流等现代农产品流通作业技术的应用，有效降低农产品在流通作业环节的损耗。加快构建农产品综合信息服务平台，及时发布和共享农产品服务信息，逐步优化农业生产结构，不断提高农业综合生产能力。

四、优化乡村休闲旅游业

乡村休闲旅游业是农业功能拓展、乡村价值发掘、业态类型创新的新产业，横跨一二三产、兼容生产生活生态、融通工农城乡，发展前景广阔。

(一) 建设乡村休闲旅游重点区

依据自然风貌、人文环境、乡土文化等资源禀赋，建设特色鲜明、功能完备、内涵丰富的乡村休闲旅游重点区。包括建设城市周边乡村休闲旅游区、建设自然风景区周边乡村休闲旅游区、建设民俗民族风情乡村休闲旅游区和建设传统农区乡村休闲旅游景点。

(二) 开发乡村休闲旅游业态和产品

乡村休闲旅游要坚持个性化、特色化发展方向，以农耕文化为魂、美丽田园为韵、生态农业为基、古朴村落为形、创新创意为径，开发形式多样、独具特色、个性突出的乡村休闲旅游业态和产品。

(三) 建设休闲旅游精品景点

实施乡村休闲旅游精品工程，加强引导，加大投入，建设一批休闲旅游精品景点。

以县域为单元，依托独特自然资源、文化资源，建设一批设施完备、业态丰富、功能完善，在区域、全国乃至世界有知名度和影响力的休闲农业重点县。依托种养业、田园风光、绿水青山、村落建筑、乡土文化、民俗风情和人居环境等资源优势，建设一批天蓝、地绿、水净、安居、乐业的美丽休闲乡村，实现产村融合发展。鼓励有条件的地区依托美丽休闲乡村，建设健康养生养老基地。根据休闲旅游消费升级的需要，促进休闲农业提档升级，建设一批功能齐全、布局合理、机制完善、带动力强的休闲农业精品园区，推介一批视觉美丽、体验美妙、内涵美好的乡村休闲旅游精品景点线路。引导有条件的休闲农业园建设中小学生实践教育基地。

五、培育乡村新型服务业

乡村新型服务业是适应农村生产生活方式变化应运而生的产业，业态类型丰富，经营方式灵活，发展空间广阔。乡村新型服务业包括生产性服务业和生活性服务业。

(一) 提升生产性服务业

扩大服务领域。适应农业生产规模化、标准化、机械化的趋势，支持供销、邮政、农民合作社及乡村企业等，开展农技推广、土地托管、代耕代种、烘干收储等农业生产性服务，以及市场信息、农资供应、农业废弃物资源化利用、农机作业及维修、农产品营销等服务。

提高服务水平。引导各类服务主体把服务网点延伸到乡村，鼓励新型农业经营主体在城镇设立鲜活农产品直销网点，推广农超、农社（区）、农企等产销对接模式。鼓励大型农产品加工流通企业开展托管服务、专项服务、连锁服务、个性化服务等综合配套服务。

(二) 拓展生活性服务业

丰富服务内容。改造提升餐饮住宿、商超零售、美容美发、洗浴、照相、电器维修、再生资源回收等乡村生活服务业，积极发展养老护幼、卫生保洁、文化演出、体育健身、法律咨询、信息中介、典礼司仪等乡村服务业。

创新服务方式。积极发展订制服务、体验服务、智慧服务、共享服务、绿色服务等新形态，探索"线上交易+线下服务"的新模式。鼓励各类服务主体建设运营覆盖娱乐、健康、教育、家政、体育等领域的在线服务平台，推动传统服务业升级改造，为乡村居民提供高效便捷服务。

六、发展乡村信息产业

(一) 发展农村电子商务

培育农村电子商务主体。引导电商、物流、商贸、金融、供销、邮政、快递等各类电子商务主体到乡村布局，构建农村购物网络平台。依托农家店、农村综合服务社、村邮站、快递网点、农产品购销代办站等发展农村电商末端网点。

扩大农村电子商务应用。在农业生产、加工、流通等环节,加快互联网技术应用与推广。在促进工业品、农业生产资料下乡的同时,拓展农产品、特色食品、民俗制品等产品的进城空间。

改善农村电子商务环境。实施"互联网+"农产品出村进城工程,完善乡村信息网络基础设施,加快发展农产品冷链物流设施。建设农村电子商务公共服务中心,加强农村电子商务人才培养,营造良好市场环境。

(二)全面推进信息进村入户

围绕信息进村入户工程进行系统部署,加快推进网络基础设施建设、打造4G精品网络,推动农村无线通信网络从4G+向5G演进,使信息技术与乡村振兴紧密结合,更好地解决农业生产中的产前、产中和产后问题,让农民能充分享受到便捷、经济、高效的生活信息服务。

(三)打造一体化现代互联网农业产业园

互联网农业产业园是以互联网技术为中心,对农业的信息技术进行综合,把感知、传输、控制、作业一体化,打造一个标准化、规范化的农业产业园,这样不仅节省了人力成本,也提高了品质控制能力,增强了对自然风险的抗击能力。

第三节 坚持绿色发展

一、推进绿色农业发展

绿色农业是指将农业生产和环境保护协调起来,在促进农业发展、增加农户收入的同时保护环境、保证农产品的绿色无污染的农业发展类型。绿色农业涉及生态物质循环、农业生物学技术、营养物综合管理技术、轮耕技术等多个方面,是一个涉及面很广的综合概念。

(一) 推进化肥农药减量增效

推进化肥减量增效。技术集成驱动，以化肥减量增效为重点，集成推广科学施肥技术。在粮食主产区、园艺作物优势产区和设施蔬菜集中产区，推广机械施肥、种肥同播等措施，示范推广缓释肥、水溶肥等新型肥料，改进施肥方式。有机肥替代推动，以果菜茶优势区为重点推动粪肥还田利用，减少化肥用量，增加优质绿色产品供给。引导地方加大投入，在更大范围推进有机肥替代化肥。新型经营主体带动，培育扶持一批专业化服务组织，开展肥料统配统施社会化服务。鼓励农企合作推进测土配方施肥。

推进农药减量增效。推行统防统治，扶持一批病虫防治专业化服务组织，开展统防统治，带动群防群治，提高防治效果。推行绿色防控，在园艺作物重点区域，集成推广生物防治、物理防治等绿色防控技术，引导创建绿色生产基地，培育绿色品牌，带动更大范围绿色防控技术推广。推广新型高效植保机械，支持创制推广喷杆喷雾机、植保无人机等先进的高效植保机械，提高农药利用率。推进科学用药，开展农药使用安全风险评估，推广应用高效低毒低残留新型农药，逐步淘汰高毒、高风险农药。构建农作物病虫害监测预警体系，建设一批智能化、自动化田间监测网点，提高重大病虫疫情监测预警水平。

(二) 促进畜禽粪污和秸秆资源化利用

推进养殖废弃物资源化利用。健全畜禽养殖废弃物资源化利用制度，严格落实畜禽养殖污染防治要求，完善绩效评价考核制度和畜禽养殖污染监管制度，加快构建畜禽粪污资源化利用市场化机制，促进种养结合，推动畜禽粪污处理设施可持续运行。加强畜禽粪污资源化利用能力建设。建立畜禽粪污收集、处理、利

第九章 贯彻新发展理念

用信息化管理系统，持续开展畜禽粪污资源化利用整县推进，建设粪肥还田利用种养结合基地，培育发展畜禽粪污能源化利用产业。推进绿色种养循环，探索建立粪肥运输、使用激励机制，培育粪肥还田社会化服务组织，推行畜禽粪肥低成本、机械化、就地就近还田。减少养殖污染排放，推进水产健康养殖，减少养殖尾水排放。鼓励因地制宜制定地方水产养殖尾水排放标准。

推进秸秆综合利用。促进秸秆肥料化，集成推广秸秆还田技术，改造提升秸秆机械化还田装备。在东北平原、华北平原、长江中下游地区等粮食主产区，系统性推进秸秆粉碎还田。促进秸秆饲料化，鼓励养殖场和饲料企业利用秸秆发展优质饲料，将畜禽粪污无害化处理后还田，实现过腹还田、变废为宝。促进秸秆燃料化，有序发展以秸秆为原料的生物质能，因地制宜发展秸秆固化、生物炭等燃料化产业，逐步改善农村能源结构。推进粮食烘干、大棚保温等农用散煤清洁能源替代。促进秸秆基料化和原料化，发展食用菌生产等秸秆基料，引导开发人造板材、包装材料等秸秆原料产品，提升秸秆附加值。培育秸秆收储运服务主体，建设秸秆收储场（站、中心），构建秸秆收储和供应网络。建立健全秸秆资源台账，强化数据共享应用。严格禁烧管控，防止秸秆焚烧带来区域性大气污染。

（三）加强白色污染治理

推进农膜回收利用。落实严格的农膜管理制度，加强农膜生产、销售、使用、回收、再利用等环节管理。推广普及标准地膜，开展地膜覆盖技术适宜性评估，因地制宜调减作物覆膜面积。强化市场监管，禁止企业生产、采购、销售不符合国家强制性标准的地膜。积极探索推广环境友好生物可降解地膜。促进废旧地膜加工再利用，培育专业化农膜回收主体，发展废旧地膜机械化捡拾，建设农膜储存加工场点。建立健全农膜回收利用机制,在西北地区支持一批用膜大县整县推进农膜回收,加强长江经济带农膜回收利用,健全回收网络体系。开展区域农膜回收补贴制度试点,探索建立地膜生产者责任延伸制度。建立健全农田地膜残留监测点,开展常态化、制度化监测评估。

推进包装废弃物回收处置。严格农药包装废弃物管理,按照"谁生产、经营,谁回收"的原则,建立农药生产者、经营者包装废弃物回收处置责任。鼓励采取押金制、有偿回收等措施,引导农药使用者交回农药包装废弃物。以农资经销店为依托合理布局回收站点,完善农药包装废弃物回收体系,推进农药包装废弃物资源化利用和无害化处置。加强农药包装废弃物回收处理活动环境污染防治的监管。合理处置肥料包装废弃物,对有再利用价值的肥料包装废弃物进行再利用,促进包装废弃物减量。无利用价值的纳入农村生活垃圾处理体系集中处理。

二、构建人与自然的和谐关系

为了使人类和自然更加和谐地相处,"环保"的理念必须提出。随着城镇化进程的不断加快,广大农村产生了很多因为经济发展带来的环境问题,因此,保护农村的生态环境,建设环保型新农村是现在农村发展的当务之急。

(一)树立环保意识

要想防止农村环境恶化,首先要让人们都树立环保的意识,加强环保方面的宣传,对私自开采矿藏的行为进行严厉处罚。为了保持农村的绿水蓝天,森林的作用必不可少,因此,对农村大面积存在的树木要进行较大力度的保护。

(二)自觉实践环保行为

环保社会的建立是人类可持续发展的必要条件,人们的衣食住行等各个方面都与社会和自然息息相关。因此,在人们的日常生活中，要使用卫生、环保的器材，食用绿色有机食物，对生活垃圾进行分类处理，对生产垃圾进行回收利用。当然，上述这些并不是单靠个人就能够完成的，还需要政府和社区的协调帮助，政府要发动群众，多进行环保知识宣传，多举办环保类型的活动，从行动上影响群众，使群众成为自觉环保的好公民。

（三）协调自然和经济的共同发展

因为城镇化进程的影响，很多企业都已经"移民"到农村，这些企业中大多是高污染、高排放的企业，因此，在引进投资方面，政府要加强对排污的严格把关，禁止乱排乱放，统筹全局，协调自然和经济的共同发展。

建立资源节约型和环境友好型社会，要发展循环经济和低碳经济，调整我国现阶段的经济结构，把环保落实到日常的工作和生活中，对污染型企业进行整改。在提高资源利用率的同时，也要把排污工作做好，要时刻把人民群众的健康利益放在首位。

只有人人都树立环保的意识和观念，在日常生活中落实环保行为，环保的新农村才能顺利建立，农村才能健康发展，我们的社会才会更加和谐美好。

第十章 建设幸福家园

第一节 改善人居环境

农村人居环境以建设美丽宜居村庄为导向,以农村垃圾处理、污水治理和村容村貌提升为重点,旨在加快补齐乡村人居环境领域短板,并建立健全可持续的长效管护机制。2021年12月,中共中央办公厅、国务院办公厅印发的《农村人居环境整治提升五年行动方案(2021—2025年)》中明确指出,以农村厕所革命、生活污水垃圾治理、村容村貌提升为重点,巩固拓展农村人居环境整治三年行动成果,全面提升农村人居环境质量,为全面推进乡村振兴、加快农业农村现代化、建设美丽中国提供有力支撑。

一、扎实推进农村厕所革命

(一)逐步普及农村卫生厕所

新改户用厕所基本入院,有条件的地区要积极推动厕所入室,新建农房应配套设计建设卫生厕所及粪污处理设施设备。重点推动中西部地区农村户厕改造。合理规划布局农村公共厕所,加快建设乡村景区旅游厕所,落实公共厕所管护责任,强化日常卫生保洁。

(二)切实提高改厕质量

科学选择改厕技术模式,宜水则水、宜旱则旱。技术模式应

第十章 建设幸福家园

至少经过一个周期试点试验，成熟后再逐步推开。严格执行标准，把标准贯穿于农村改厕全过程。在水冲式厕所改造中积极推广节水型、少水型水冲设施。加快研发干旱和寒冷地区卫生厕所适用技术和产品。加强生产流通领域农村改厕产品质量监管，把好农村改厕产品采购质量关，强化施工质量监管。

（三）加强厕所粪污无害化处理与资源化利用

加强农村厕所革命与生活污水治理有机衔接，因地制宜推进厕所粪污分散处理、集中处理与纳入污水管网统一处理，鼓励联户、联村、村镇一体处理。鼓励有条件的地区积极推动卫生厕所改造与生活污水治理一体化建设，暂时无法同步建设的应为后期建设预留空间。积极推进农村厕所粪污资源化利用，统筹使用畜禽粪污资源化利用设施设备，逐步推动厕所粪污就地就农消纳、综合利用。

二、加快推进农村生活污水治理

（一）分区分类推进治理

优先治理京津冀、长江经济带、粤港澳大湾区、黄河流域及水质需改善控制单元等区域，重点整治水源保护区和城乡接合部、乡镇政府驻地、中心村、旅游风景区等人口居住集中区域农村生活污水。开展平原、山地、丘陵、缺水、高寒和生态环境敏感等典型地区农村生活污水治理试点，以资源化利用、可持续治理为导向，选择符合农村实际的生活污水治理技术，优先推广运行费用低、管护简便的治理技术，鼓励居住分散地区探索采用人工湿地、土壤渗滤等生态处理技术，积极推进农村生活污水资源化利用。

（二）加强农村黑臭水体治理

摸清全国农村黑臭水体底数，建立治理台账，明确治理优先序。开展农村黑臭水体治理试点,以房前屋后河塘沟渠和群众反映强烈的黑臭水体为重点,采取控源截污、清淤疏浚、生态修复、水体净化等措施综合治理,基本消除较大面积黑臭水体,形成一批可复制可推广的治理模式。鼓励河长制湖长制体系向村级延伸,建立健全促进水质改善的长效运行维护机制。

三、全面提升农村生活垃圾治理水平

(一)健全生活垃圾收运处置体系

根据当地实际,统筹县乡村三级设施建设和服务,完善农村生活垃圾收集、转运、处置设施和模式,因地制宜采用小型化、分散化的无害化处理方式,降低收集、转运、处置设施建设和运行成本,构建稳定运行的长效机制,加强日常监督,不断提高运行管理水平。

(二)推进农村生活垃圾分类减量与利用

加快推进农村生活垃圾源头分类减量,积极探索符合农村特点和农民习惯、简便易行的分类处理模式,减少垃圾出村处理量,有条件的地区基本实现农村可回收垃圾资源化利用、易腐烂垃圾和煤渣灰土就地就近消纳、有毒有害垃圾单独收集贮存和处置、其他垃圾无害化处理。有序开展农村生活垃圾分类与资源化利用示范县创建。协同推进农村有机生活垃圾、厕所粪污、农业生产有机废弃物资源化处理利用,以乡镇或建制村为单位建设一批区域农村有机废弃物综合处置利用设施,探索就地就近就农处理和资源化利用的路径。扩大供销合作社等农村再生资源回收利用网络服务覆盖面,积极推动再生资源回收利用网络与环卫清运网络合作融合。协同推进废旧农膜、农药肥料包装废弃物回收处理。积极探索农村建筑垃圾等就地就近消纳方式,鼓励用于村内道路、入户路、景观等建设。

四、推动村容村貌整体提升

(一) 改善村庄公共环境

全面清理私搭乱建、乱堆乱放,整治残垣断壁,通过集约利用村庄内部闲置土地等方式扩大村庄公共空间。科学管控农村生产生活用火,加强农村电力线、通信线、广播电视线"三线"维护梳理工作,有条件的地方推动线路违规搭挂治理。健全村庄应急管理体系,合理布局应急避难场所和防汛、消防等救灾设施设备,畅通安全通道。整治农村户外广告,规范发布内容和设置行为。关注特殊人群需求,有条件的地方开展农村无障碍环境建设。

(二) 推进乡村绿化美化

深入实施乡村绿化美化行动,突出保护乡村山体田园、河湖湿地、原生植被、古树名木等,因地制宜开展荒山荒地荒滩绿化,加强农田(牧场)防护林建设和修复。引导鼓励村民通过栽植果蔬、花木等开展庭院绿化,通过农村"四旁"(水旁、路旁、村旁、宅旁)植树推进村庄绿化,充分利用荒地、废弃地、边角地等开展村庄小微公园和公共绿地建设。支持条件适宜地区开展森林乡村建设,实施水系连通及水美乡村建设试点。

(三) 加强乡村风貌引导

大力推进村庄整治和庭院整治,编制村容村貌提升导则,优化村庄生产生活生态空间,促进村庄形态与自然环境、传统文化相得益彰。加强村庄风貌引导,突出乡土特色和地域特点,不搞千村一面,不搞大拆大建。弘扬优秀农耕文化,加强传统村落和历史文化名村名镇保护,积极推进传统村落挂牌保护,建立动态管理机制。

第二节　实行有效治理

健全自治、法治、德治相结合的乡村治理体系是中央根据我国农村社会治理的基本制度安排和特点提出的，自治、法治、德治相结合是一个整体，也是实现乡村有效治理的重要路径。

一、深化村民自治实践

村民自治是我国社会主义基层民主制度的重要组成部分。充满活力的村民自治制度能够有效实现和保障村民民主权利，夯实党在农村的执政基础，是促进农村改革发展稳定的重要保障。党的十八大以来，习近平总书记多次强调要坚持和完善基层群众自治制度、创新村民自治的有效实现形式，丰富基层民主协商的实现形式，发挥村民监督的作用，让农民自己"说事、议事、主事"。

（一）加强村民自治机制建设

充分发挥基层党组织领导核心作用。加强基层党组织对各类组织的统一领导，打造充满活力、和谐有序的善治乡村，形成共建共治共享的乡村治理格局。推动管理和服务力量下沉，引导基层党组织强化政治功能，聚焦主业主责，把工作重点转移到基层党组织建设上来，转移到做好公共服务、公共管理、公共安全工作上来，转移到为经济社会发展提供良好公共环境上来。有效发挥基层政府主导作用，注重发挥基层群众性自治组织基础作用，统筹发挥社会力量协同作用。进一步加强基层群众性自治组织规范化建设，合理确定其管辖范围和规模。促进基层群众自治与网格化服务管理有效衔接。完善农村民主选举制度，进一步规范民主选举程序，切实保障外出务工农民民主选举权利。充分发挥自治章程、村规民约在治理中的积极作用,弘扬公序良俗,促进法治、德治、自治有机融合。增强农村集体经济组织支持农村社区建设能力。

(二) 推动乡村治理重心下移

从实际出发,根据各地具体情况和村民意愿,按照合乎群众自治组织内在规律、便于管理和服务的要求,稳步创新自治方式。依托村民会议、村民代表会议、村民议事会、村民理事会、村民监事会等,形成民事民议、民事民办、民事民管的多层次基层协商格局。积极发挥新乡贤作用。推动乡村治理重心下移,尽可能把资源、服务、管理下沉到基层。在保持现有村民委员会设置格局的前提下,对处于独立居民点且拥有集体土地所有权的村民小组或自然村,根据群众意愿建立村民理事会等组织,代表村民对本集体组织范围内的公共事务开展议事协商会,实行民主管理和监督。村民理事会向村民小组会议负责并报告工作。村民理事会成员任期与村民委员会相同。村民理事会成员的产生根据本人自愿、群众认可的原则,通过民主推选产生,可采取村民代表推选方式,也可采取直接推选方式。村党组织和村民委员会成员可参加本村小组或自然村的村民理事会选举。提倡村民小组组长与村民理事会理事长互相兼职,鼓励本村党组织团员、教师、乡村医生、致富能手、返乡创业农民工、退休公职人员等加入理事会。明确村民自治组织功能,落实"说事日"制度,制定村规民约、完善文明公约,严格落实村(组)务公开、村民代表会、村民大会等民主管理制度。村民理事会要在村党组织的领导和村民委员会的指导下开展活动。

(三) 建立健全村务监督委员会

村务监督委员会是村民对村务进行民主监督的机构。建立健全村务监督委员会,对从源头上遏制村民群众身边的不正之风和腐败问题、促进农村和谐稳定具有重要作用。村务监督委员会一般由3~5人组成，设主任1名，由非村民委员会成员的村党组织班子成员或党员担任，村务监督委员会成员由村民会议或村民代表会议在村民中推选产生，任期与村民委员会的任期相同。村务监督委员会对村务、财务管理等情况进行监督，受理和收集村民有关意见建议。村务监督委员会要重点加强对村务决策和公开情况、村级财产管理情况、村工程项目建设情况、惠农政策措施落实情况、农村精神文明建设情况等的监督。村务监督委员会一般应每季度召开一次例会，梳理总结、研究安排村务监督工作。每半年向村党组织汇报一次村务监督情况，村党组织要认真听取村务监督委员会的意见。每年向村民会议或村民代表会议报告一次工作，由村民会议或村民代表会议对村务监督委员会及其成员进行民主评议。

(四) 不断提升农村社区公共服务供给水平

加强农村社区治理创新。创新基层管理体制机制，整合优化公共服务和行政审批职责，打造"一门式办理""一站式服务"的综合服务平台。健全农村社区服务设施和服务体系，整合利用村级组织活动场所、文化室、卫生室、计划生育服务室、农民体育健身工程等现有场地、设施和资源，推进农村基层综合性公共服务设施建设，提升农村基层公共服务信息化水平，逐步构建县(市、区)、乡(镇)、村三级联动互补的基本公共服务网络。积极推动基本公共服务项目向农村社区延伸，探索建立公共服务事项全程委托代理机制，促进城乡基本公共服务均等化。加强农村社区教育，鼓励各级各类学校教育资源向周边农村居民开放，用好县级职教中心、乡(镇)成人文化技术学校和农村社区教育教学点。改善农村社区医疗卫生条件，加大对乡(镇)、村卫生和计划生育服务机构设施改造、设备更新、人员培训等方面的支持力度。做好农村社区扶贫、社会救助、社会福利和优抚安置服务，推进农村社区养老、助残服务，组织引导农村居民积极参加城乡居民养老保险，全面实施城乡居民大病保险制度和"救急难"工作试点。

二、推进乡村法治建设

法治乡村建设是一个总体性、整体性、全面性和协调性的系统工程，需要全面推进。只有通过大力提升农民法治意识以增长其法治需求、规范权力运行以构建公正的法治环境、强化法律有效实施以维护权利、创新法律服务以推进法律服务供给，才能构建美好的乡村法治生活。

（一）提升农民法治意识

法治的生成首先源于对法治的需求，而法治需求的产生又仰赖于法治意识的提升。因为只有认知法治意涵、精神、理念、价值，以及其对现代美好生活的意义与构建，人们才会追求法治生活，才会在日常生活中把法律作为行为规范，进而自觉用法和守法。乡村是传统文化的根基与承载地，而传统文化中不合时宜的人治思维、关系模式、厌讼心理、权力压制权利的社会生活逻辑在乡村依然大行其道，阻碍着现代文明生活的生成。为此，需要通过不断提升农民的法治意识特别是权利意识、规则意识和参与意识等唤醒农民对公平正义和美好生活的向往，这样才能为法治乡村建设构建坚实的基础。当前，提升农民法治意识的主要途径是加强对农民的法治宣传教育。在法治宣传教育实践中，要以习近平总书记全面依法治国新理念新思想新战略为指导，紧紧围绕农民最为关心的问题以及影响农民生活最为紧迫的问题入手展开法治教育宣传，比如化解矛盾纠纷、助力精准脱贫和强化生态保护等，从而让农民群众深切感受到法治对于构建美好生活的意义。同时，创新探索新时代法治教育的新机制、新模式、新方法：一方面，构建多元化的法律宣传教育机制，比如要发挥基层政府、司法机关、法律服务所、律师事务所、社会组织以及农村法律明白人的法治教育价值与功能，通过形成协调统一、共同协作的教育格局，以强化对农民的法治教育；另一方面，采用多种形式的法律教育途径，比如开展传统的标语与摊点的法律宣传、参与庭审判决与纠纷调解的法治实践教育和新媒体平台的法治教育等，从而提升农民的法治意识。

（二）规范乡村权力运行

乡村基层权力得不到规范，将必然产生权力的腐败，从而导致政府公信力下降、法律权威丧失，人民群众不信任、不认同法律，致使法治成为幻想。所以，基层权力规范化是法治乡村建设的关键。在实践中，加强权力的规范化建设，一方面要加强基层干部依法用权。权力来源于人民的赋予，因而权力要为民所用，这就要求用权必须在法律许可的范围内，且要受到监督。基层干部应自觉遵守国家法律，要不断深化"以人民为中心"的价值理念，提升公仆意识和规则意识，提高基层干部依法用权观念。另一方面要科学界分和合理配置权力。随着社会发展与改革的进一步深入，现存的一些权力配置不符合甚至违背"以人民为中心""权责对等"的理念要求，特别是基层权责不清、机构臃肿导致的"办事难"问题已经成为人民群众痛心疾首的问题。为此，要进一步完善涉农法律法规，科学界分权责、理顺部门关系，提升权力配置的科学化、规范化水平。同时，加强对权力运行的监督。无监督的权力必然走向腐败，规范基层权力需要强化对权力的监督。要完善制度监督，健全法律监督机制，进行稳定的常态化监督，积极拓展和创新人民群众参与监督的途径与渠道，鼓励人民群众多种形式监督，以形成全社会广泛监督的氛围和格局。

(三) 强化法律有效实施

法律的生命在于实施，无法实施的法律尽管也规定着人们广泛的权利，但也只是一纸空文。法治乡村建设的根本目标是构建农民群众的美好生活，而构建美好生活的关键在于人民权利得到实现。因此，这就要求法律发挥保障作用，特别是通过法律的有效实施切实维护农民群众的权利。同时，法律只有有效实施才能维护自身的权威性与至上地位，也才能形成良好的法治环境。在此意义上，法治乡村建设要以强化法律的有效实施为核心。在实践中，强化法律的有效实施，一方面要求法律本身必须是体现公平正义与人民立场的良法，也就是说，只有把维护农民群众的根本利益作为涉农法律的根本目标与原则，才能得到农民群众的内心认同，也才能得到农民群众的自觉遵守。另一方面要求乡村基层执法机关严格执法，依法严格执法是维护法律尊严和农民权利的基本要求，所以要对损害农民利益的行为进行依法查处和坚决打击。比如环境污染、涉农资金违规使用、涉农项目质量不达标、基层干部履职不力等问题，都深切地关系到农民群众的根本利益，只有依法依规严格追查责任，对违法违规行为进行严肃处理，才能消除不法侵害，才能赢得农民群众的谅解与支持；此外，基层司法机关要公正司法。司法是维护人民利益的最后一道防线。司法是否公正直接关系到人民是否认同和信仰法律，也直接关系到法治的基石是否稳固。为此，乡村基层司法机关及其工作人员要坚持法律至上与法律面前人人平等的原则，恪守职业道德，维护司法正义，做到每一起案件都能经得起法律、人民和历史的考验。

(四) 创新法律服务模式

法律服务是法治生活得以顺利进行的保证。法治生活在本质上是法律需求与法律供给相互作用的动态平衡过程。在这个过程中，法律需求表现为希望通过法律使自己的权利得到维护与实现，而法律供给则是为满足法律需求而开展的以法律为内容的活动，其中法律服务诸如法律咨询、法律援助、法律调解、司法鉴定、公证仲裁等是法律供给的重要内容。在广大农村，农民运用法律维护自己的权利需要法律服务，法律服务供给是农民法治生活不可或缺的组成部分。所以，法治乡村建设要以创新法律服务供给为重点。一方面要建立法律服务的多元供给机制。当前农村的法律服务在总体上不足，而已有的法律服务又主要依赖于基层司法行政机关的供给，这显然难以满足日益增长的农民法律需求。为此，要在整合已有法律服务资源比如基层司法、公安、司法所、司法鉴定、公证、仲裁、调解部门的基础上，积极引进市场供给法律服务，鼓励社会组织提供法律服务，以及培养法律明白人进行自我服务等，从而形成多元化的法律服务供给格局，以满足农民法律服务需求。另一方面要建立法律服务的精准供给机制。传统的法律服务比如"送法下乡"经常是形式有余而效果不佳，这主要是因为其采用的是一种"运动式"的法律服务供给模式，而这一模式不能及时满足农民对法律服务的需求，也不能满足农民个性化的法律需求。为此，可探索构建"一村一法律顾问"模式，通过推进法官或律师等专业法律人才进村社，及时满足农民群众的法律需求。同时，也要构建"互联网+法律服务"模式，运用新媒体、大数据、云计算等获取有效法律服务需求，从而以需求为导向及时提供精准化的法律服务。

三、提升乡村德治水平

推进乡村德治建设，必须加强乡村文化建设，在用社会主义核心价值观引领德治建设、挖掘利用优秀传统文化、重视村民主体地位、重视乡规民约建设等方面下功夫，适应新时代发展的要求，实现传统道德价值的现代性转化，实现乡村治理的善治。

（一）用社会主义核心价值观引领德治建设

当前我国乡村文化生态变得更加复杂，乡村居民思想价值观受到传统文化、现代城市文明等多种价值观混合影响，使得乡村居民的文化价值选择变得多元化。文化可以是多元的，但主流文化只能有一个，以社会主义核心价值观为核心的社会主义先进文化，才是我国的主流文化。从思想起源说，社会主义核心价值观是对中华优秀传统文化的继承，与我国传统的乡土文化具有内在的契合性。因此在推进乡村德治建设中，必须适应新时代发展的新要求，广泛开展社会主义核心价值观宣传教育活动，用社会主义核心价值观引领乡村德治建设。首先，要正本清源，优化乡村文化生态，使乡村居民成为社会主义核心价值观的坚定信仰者，对村民进行思想文化教育，增强村民对乡村优秀文化的认同感、归属感和责任感，培育新时代村民"富强、民主、文明、和谐"的价值观。其次，要提高村民对封建落后文化以及西方腐朽思想的辨别力。最后，要凝聚村民的共识，使乡村居民成为社会主义核心价值观的积极传播者，将之内化于心、外化于行。

积极培育乡村良好社会风气，打造文明乡村。德治建设是上层建筑的一部分，在社会经济关系中产生，同时也受到经济基础的制约和影响。因此，在推进德治建设进程中，要满足广大农民在物质上逐渐富裕起来之后对更美好的精神文化生活的向往。

（二）挖掘利用农村优秀传统文化

在中国几千年的发展中，中华优秀传统文化发挥着深远影响。新时代乡村德治建设要大力传承和发扬优秀传统文化，深入挖掘中华民族传统文化的人文关怀，在对乡村优秀传统文化继承的基础上进行继承与创新，使广大乡村居民欣然接受中华优秀传统文化,推动崇德尚法、诚实守信、乐于助人等良好乡村文化风俗的建设。从家庭角度讲,要继承和弘扬优秀的"孝文化",尊敬长者,发扬家庭美德,并赋予时代精神,树立男女平等思想,尊重个人在家庭中的人格尊严和权利。从社会角度讲,重视团结友善,重塑传统助人为乐的思想。同时要严公德,守私德。让乡村居民成为优秀传统文化的模范践行者,要对村民进行民族精神教育、集体主义教育、社会公德教育、职业道德教育、家庭美德教育,形成相亲相爱、和睦友好的良好氛围。

以坚定的文化自信促进乡村德治建设,特别要树立好、宣传好乡村榜样来激发乡村居民规范自身道德。梁漱溟认为:"世界未来的文化就是中国文化的复兴,有似希腊文化在近世复兴那样。"因此,乡村德治建设要深入挖掘和利用我国优秀传统文化,同时,应注意解决传统道德理念与现代道德理念的矛盾与冲突,要结合时代发展的要求进行创新性发展,让广大民众沐浴在优秀的乡风文明中,形成良好的社会风俗。如在广大乡村开展道德大课堂,进行寻找身边"最美的人""道德模范""家乡好儿媳好婆婆"等多种形式的活动,让乡风文明美起来、浓起来、淳起来。

(三) 加强家庭美德建设

推动德治在乡村治理体系中的作用,就要发挥乡村居民的主体地位。推动乡村德治建设的主体是每一个乡村居民,并且乡村治理中的德治也是为了更好地为广大乡村居民服务。因此在乡村德治建设过程中,要强化乡村居民对乡村文化建设重要性的认知,鼓励乡村居民积极参与其中,积极培育新时代乡村价值观,使乡村居民可以主动地去建设本村优秀的乡村文化。广泛引导乡村居民社会主义核心价值观教育。创新优秀乡村文化,自觉推动乡村德治建设,形成讲道德、尊道德、守道德的乡村风气。

开展乡村居民道德评议活动，选出最美乡村教师、医生、家庭。运用社会舆论和道德影响的号召力形成鲜明的舆论导向。积极引导村民学习先进人物典型事迹，发挥乡村居民主体地位，传播正能量，弘扬真善美，引领乡村德治建设，用乡村道德先锋树立新时代乡村风气。

注重家风的培育和营造，促进家庭幸福美满。孝敬老人、爱护亲人是中华民族的传统美德，家庭美德是调节家庭成员内部关系的行为规范，以孝老爱亲为核心加强家庭美德建设是新时代德治建设的内在要求。在乡村"空心化"日益严重的今天，要建立关爱空巢老人、留守妇女和留守儿童服务体系，帮助他们改善生活条件。要坚持正确的致富观念，勤劳致富；坚持正确的消费观，量入而出。

(四) 重塑乡贤文化

在我国乡村社会，乡贤文化是独具魅力的，对传承创新中华优秀传统文化特别是乡村文化，进而凝聚人心、弘扬正能量，起着非常关键的作用。他们不仅为乡村居民树立了道德规范，也是维护乡村道德秩序的带头人。近年来，随着现代化和城市化的发展，乡贤文化受到了冲击。面对新的历史使命，我们需要塑造新乡贤，推动形成适应时代发展需要的乡贤文化，壮大乡村精英队伍，为实施好乡村振兴战略提供智慧和力量。

当今乡贤文化重塑的目的有两个方面，一方面是为了传承中华优秀传统文化，另一方面是为了解决乡村社会现代发展的难题，其中后者，是当今乡贤文化重塑需要承担的全新的历史使命。在当今时代，新乡贤是指具有较高的文化素养、较多的社会阅历与经验，或是具备其他优秀素质的乡村精英。他们的思想价值理念及个人修养，对村民可以起到榜样的作用。可以发挥乡贤特有的功能为乡村振兴办公益活动，维护乡村秩序，传播优秀传统文化。因此，政府要激活乡村精英建设乡村机制，吸引本土精英和外来精英来共同推进乡村德治建设。运用他们的资金、知识和技术等来推动乡村高质量发展。加强对乡村精英的思想引导，培养乡村精英振兴乡村的责任感和使命感，发挥他们在乡风文明建设的模范带头作用，用他们的成功经验指导实践，为乡村的振兴发展服务，带领乡村居民走向致富之路。

（五）重视村规民约的修订

面对传统的村规民约，应做到取其精华、去其糟粕，赋予村规民约以时代精神。一方面，继承村规民约中优秀的道德价值，如爱国爱乡、勤劳勇敢、自强不息等传统美德，保护家谱族谱、民俗活动、传统仪式等文化遗产，发挥其价值引领和行为导向作用。另一方面，要积极改造村规民约那些过时落后的思想，使之适应时代发展的要求，填补法律法规调节不到的空白领域。通过融入现代价值，实现村规民约向现代价值转变。加强村民对村规民约的认同感，通过观念内化、教育引导养成新的行为规范，发挥其道德教化的作用。同时要健全村规民约实施的保障机制，运用奖罚方式保障实施效力，积极引导村民，避免只喊口号、流于形式，要切实发挥其社会治理功能。在乡村德治建设中，要鼓励广大农民发挥主体性作用，赋予德治时代性，立足当地实际，挖掘本地特色，积极探索适合新时代乡村发展的独特模式。

第三节 完善公共服务

我国现行主要的农村公共服务供给包括农村公共医疗卫生、

农村义务教育及农村公共文化。农村公共服务的有效供给一方面可以提高农村居民生产和生活的积极性，促进农村生产力的发展；另一方面能够改善农村居民的生活水平。因此，农村公共服务的有效供给能够促进农村经济持续健康发展，是农村经济发展的基础之一。

一、农村公共医疗卫生

农村公共医疗卫生是建设健康中国的重要内容。2016年，中共中央、国务院印发的《"健康中国2030"规划纲要》提出，要"以农村和基层为重点，推动健康领域基本公共服务均等化，维护基本医疗卫生服务的公益性，逐步缩小城乡、地区、人群间基本健康服务和健康水平的差异，实现全民健康覆盖，促进社会公平"。党的十九大报告提出要实施健康中国战略，完善国民健康政策，为人民群众提供全方位全周期健康服务。新时期，加强农村公共卫生服务，对于推进健康中国建设、全面建成小康社会以及基本实现社会主义现代化具有重要现实意义。在农村公共卫生服务方面，国家出台了诸多政策，为农村公共卫生事业的发展和农村公共卫生服务的有效开展提供了制度保障，同时也基本形成了相对完善的农村公共卫生服务组织体系和实现城乡公共医疗服务均等化的基本途径。

（一）乡村医生队伍建设

乡村医生是我国医疗卫生服务队伍的重要组成部分，是最贴近亿万农村居民的健康"守护人"，是发展农村医疗卫生事业、保障农村居民健康的重要力量。近年来，尽管各级政府都要求加强村级医疗卫生队伍建设，但乡村医生人员依然以每年5万的数量削减，与此同时，不少地区仍然在不断提升村医的执业要求和准入门槛，村卫生室人员短缺的问题长期得不到合理解决，使在岗村医的任务越来越重。

（二）农村公共卫生服务体系建设

村卫生室是农村三级卫生服务网的基础，承担着向农村居民提供基本医疗和基本公共卫生服务的任务，在农村防病治病中发挥着重要的作用。为进一步加强村卫生室管理，明确村卫生室的功能定位和服务范围，保障农村居民卫生服务利用的安全性、公平性和可及性，2014年国家卫生计生委等五部委联合制定了《村卫生室管理办法（试行）》。该办法共分为8章52条，重点对村卫生室的功能任务、机构设置与审批、人员配备与管理、业务管理、财务管理、保障措施进行了明确和规范。

二、农村义务教育

自党的十八大以来，我国教育事业取得了历史性进展，总体发展水平跃居世界中上行列，义务教育巩固率达到93.4%，党中央把脱贫攻坚摆到治国理政的重要位置，教育扶贫的重要性也被一再强调。特别值得注意的是，最近几年，中央开始使用"乡村"概念，如"乡村教师支持计划"。"乡村"相较"农村"，排除了县镇所在的城关镇，指乡镇以下，这个概念的使用体现了精准扶贫的理念。党的十九大报告提出要"推动城乡义务教育一体化发展，高度重视农村义务教育"。这是对党的十八大以来教育工作的深化。农村学校是传播社会主义核心价值观和文明生活方式的重要阵地，农村教育在乡村振兴中具有不可替代的作用，振兴乡村教育，关键是提高教育质量。

（一）乡村教师队伍建设

发展农村义务教育，办好农村学校，关键在教师。乡村教师是农村义务教育发展中至关重要的一部分，针对乡村教师队伍建设过程中存在的问题，出台的政策主要包括以下几个方面：一是

第十章 建设幸福家园

提高乡村教师的思想政治素质和师德水平；二是提高乡村教师生活待遇，统一城乡教职工编制标准；三是拓宽师资补充渠道。2020年9月，教育部、中组部、中编办、国家发展改革委、财政部和人力资源社会保障部六部门印发《关于加强新时代乡村教师队伍建设的意见》（以下简称《意见》），聚焦短板弱项，有针对性地提出创新举措，在脱贫攻坚与乡村振兴有效衔接的大背景下，实现乡村教师可持续发展助力乡村振兴，推动实现公平而有质量的乡村教育。《意见》着力提高乡村教师综合素质，激发教师奉献乡村教育的内生动力，提升乡村教师职业发展力。要求加强师德师风建设，提升思想政治素质，厚植乡村教育情怀，发挥乡村教师新乡贤示范引领作用。要求创新教师教育模式，坚持以乡村教育需求为导向，加强定向公费培养，建强面向乡村学校的师范生委托培养院校。要求加强乡村教师培训，构建各级教师发展机构、教师专业发展基地学校和"三名"工作室五级一体化乡村教师专业发展体系。要求发挥5G、人工智能等新技术助推作用，深化师范生培养课程改革，实施中小学教师信息技术应用能力提升工程2.0，加强县域内教育资源公共服务平台建设。《意见》着力深化乡村教师管理改革，缓解乡村学校人才短缺问题，提升乡村教师职业供给力。坚持创新挖潜编制管理，鼓励地方探索建立教职工编制"周转池"制度，挖潜乡村教师编制配备，通过统筹配置和跨市县、跨学科等调整力度，调整乡村学校编制。坚持畅通城乡一体配置渠道，健全县域交流轮岗机制，深入推进"县管校聘"改革，同时完善双向交流轮岗机制，促进城乡一体流动。多种形式配备乡村教师，探索构建招聘、支教等多渠道并举，多层次人才到乡村任教的格局。坚持拓展职业成长通道，职称评聘向乡村倾斜，允许乡村学校按照所教学科评聘职称，"定向评价、定向使用"。坚持乡村教育带头人培养，提升乡村校长队伍整体素质，全面实施中西部乡村中小学首席教师岗位计划。坚持创造多元发展空间，实施好"农村学校教育硕士师资培养计划"，教育系统"鹊桥计划"等政策。《意见》着力保障乡村教师地位待遇，让乡村教师享有应有的社会声望，提升乡村教师职业保障力。强调社会地位提升。建立联席会议制度，重点研究乡村教师队伍建设问题。为更多优秀乡村教师参与乡村治理、推动乡村振兴提供多种渠道。加大荣誉表彰和宣传推介力度，向乡村教师倾斜。强调工资待遇落实。确保平均工资收入水平不低于或高于当地公务员平均工资收入水平。完善绩效工资政策，对乡村小规模学校、寄宿制学校、民族地区、艰苦边远地区学校给予适当倾斜。全面落实集中连片特困地区乡村教师生活补助政策，依据学校艰苦边远程度实行差别化的补助标准。逐步完善乡村教师住房、医疗、救助等政策保障，不断提高乡村教师获得感。强调优化青年教师发展环境，促进专业成长，实施多种形式的乡村教师成长项目。丰富精神文化生活，引导青年教师主动融入乡村社会。

（二）农村义务教育设施建设

加强农村义务教育设施建设主要是关于义务教育学校的布局、交通等方面。2016年7月，国务院印发《关于统筹推进县域内城乡义务教育一体化改革发展的若干意见》，明确提出"办好必要的乡村小规模学校"，以及"完善乡村小规模学校办学机制和管理办法"。2018年4月，国务院办公厅印发《关于全面加强乡村小规模学校和乡镇寄宿制学校建设的指导意见》，对乡村小规模学校的发展提出了全面的指导性意见。2021年2月，中共中央、国务院发布《关于全面推进乡村振兴加快农业农村现代化的意见》，再次强调"保留并办好必要的乡村小规模学校"。

（三）农村义务教育经费保障

为解决一些地方对村小学和教学点重视不够、经费保障政策落实不到位等问题，迫切需要提高村小学和教学点运转水平，落实地方责任，管好用好公用经费，完善监察机制，提高使用效率。2020年，财政部办公厅、教育部办公厅联合发布了《关于进一步加强义务教育学校公用经费管理的通知》（下称《通知》）。《通知》要求，切实强化义务教育学校预算财务管理。县级教育、财政部门要督促学校严格按照预算批复的资金规模和规定的标准执行，严把支出审核关，各项支出要据实列支，严禁虚列虚支、虚报冒领和挤占挪用。《通知》指出，2016年建立城乡统一、重在农村的义务教育经费保障机制以来，总的看，学校正常教育教学活动得到了有力保障，但也有一些地方因重视不够、财力困难、学校管理基础薄弱等原因，在义务教育学校公用经费预算安排、资金拨付、使用管理等方面，暴露出一些问题。为进一步加强义务教育学校公用经费管理，保障学校正常运转，财政部办公厅、教育部办公厅下发该通知。《通知》指出，要切实落实经费分担责任和管理责任。义务教育是教育工作的重中之重。为保障义务教育学校正常开展教育教学活动，各级财政按规定分担的公用经费必须及时足额到位。各地要切实提高认识，采取更加有力的监督约束措施，确保省以下各级财政分担公用经费的责任落实。省级财政、教育部门要督促指导市县财政、教育部门按照预算管理、国库集中支付、政府采购等相关财政改革要求，因地制宜适时优化完善本地区学校财务管理体制，按规定及时足额拨付义务教育学校公用经费，严禁滞拨缓拨经费，严禁挤占、挪用、截留、克扣经费。县级教育、财政部门要落实经费管理的主体责任，进一步强化义务教育学校预算和财务管理，规范公用经费使用，优化报销流程，保障学校合理用款需求，确保学校正常运转。《通知》明确,切实规范公用经费拨付管理。地方各级财政部门要严格按照财政国库管理的有关要求调度库款,纳入直达资金管理范围的资金严格执行直达资金管理有关规定。公用经费应按照国库集中支付制度有关规定,支付到最终收款方。县级财政、教育部门要督促指导学校加快公用经费预算执行进度,及时将有关直达资金支付信息导入直达资金监控系统,跟踪支出进度和流向。《通知》要求,切实强化义务教育学校预算财务管理。县级教育、财政部门要督促学校严格按照预算批复的资金规模和规定的标准执行,严把支出审核关,各项支出要据实列支,严禁虚列虚支、虚报冒领和挤占挪用。严禁统筹按基准定额核定的学校公用经费,在本地区集中开展信息化建设、教师培训等专项性工作。学校要进一步健全预算管理、财务管理、内部控制等制度,按规定编制学校年度预算,抓好预算执行,细化公用经费支出范围与标准,按照轻重缓急的原则合理合规安排使用公用经费,并依法公开相关财务信息。严禁将公用经费用于人员经费、基本建设投资、偿还债务等方面支出。要进一步强化财务管理基础工作,加强会计人员培训,提高财务管理和会计核算水平。《通知》提出,巩固完善经费监管工作机制。省级财政、教育部门要坚持问题导向,进一步巩固完善财政教育经费监管工作机制,定期对义务教育学校公用经费使用管理开展督查,并充分利用相关信息系统,动态跟踪公用经费拨付、使用等情况。进一步严肃财经纪律,加大问责力度,对预算下达不及时、缓拨滞拨资金的地区及时提醒,督促纠正;对挤占、挪用、截留、克扣公用经费的问题,依法依规依纪对有关责任人严肃处理。

(四)关爱农村义务教育学生

深入推进义务教育均衡发展,要努力实现所有适龄儿童少年"上好学",同时也关注到义务教育阶段学生的营养问题。我国自 2011 年秋季学期起实施农村义务教育学生营养改善计划，对欠发达地区学生给予营养膳食补助，补助标准由中央统一制定。根据财政部、教育部通知，从 2021 年秋季学期起，农村义务教育学生营养膳食补助，国家基础标准由每生每天 4 元提高至 5 元，每生每年从 800 元提高至 1 000 元。

（五）城乡优质均衡发展管理一体化

国务院《关于统筹推进县域内城乡义务教育一体化改革发展的若干意见》要求，通过城乡义务教育一体化、实施学区化集团化办学或学校联盟、均衡配置师资等方式，加大对薄弱学校和乡村学校的扶持力度。2018 年，国务院办公厅印发《关于全面加强乡村小规模学校和乡镇寄宿制学校建设的指导意见》，明确要求强化乡镇中心学校统筹、辐射和指导作用，推进乡镇中心学校和同乡镇的小规模学校一体化办学、协同式发展、综合性考评，实行中心学校校长负责制，将中心学校和小规模学校教师作为同一学校的教师"一并定岗、统筹使用、轮流任教"。

三、农村公共文化

改革开放以来特别是进入新世纪新阶段以来，我国农村改革持续向纵深推进，农民收入水平和生活水平快速提升，城乡居民收入差距逐步缩小，农村民生事业有了新的改善，农村社会保持和谐稳定，农民综合素质和农村社会文明程度明显提高。但在城乡二元结构体制下，大量农村人口向城市转移，大批青壮年劳动力外出打工，农村"留守儿童、留守妇女、留守老人"的"三留守"人员不断增加，城乡之间教育、医疗、养老、环境、文化等差距持续拉大。针对农村公共文化事业仍旧较为落后，无法满足农民群众日益增长的精神文化需求问题，党和政府提出了一系列的相关政策。

中央一号文件每年都会提到农村公共文化服务体系构建的问题。如2016年的中央一号文件提到"要全面加强农村公共文化服务体系建设，继续实施文化惠民项目。在农村建设基层综合性文化服务中心，整合基层宣传文化、党员教育、科学普及、体育健身等设施，整合文化信息资源共享、农村电影放映、农家书屋等项目，发挥基层文化公共设施整体效应"。2017年的中央一号文件提到要加强农村公共文化服务体系建设，统筹实施重点文化惠民项目，完善基层综合性文化服务设施，在农村地区深入开展送地方戏活动。支持重要农业文化遗产保护。2021年，文化和旅游部发布的《"十四五"公共文化服务体系建设规划》中，提出了"十四五"时期高质量建设公共文化服务体系的四大具体目标。一是公共文化服务布局更加均衡。服务布局包括设施网络完善、资源配置优化、供给能力提升等诸多要素。服务布局均衡，重点是基层、农村公共文化服务的数量增加和质量提升，推动城乡公共文化服务体系一体发展跃上新台阶，这是"十四五"公共文化服务体系建设的首要任务。二是公共文化服务水平显著提升。中国社会进入高质量发展阶段，人民对美好生活的新期待，要求基本公共文化服务向品质化迈进，同时有更多特色化、个性化、多样化的公共文化服务。提升服务水平是"十四五"公共文化服务高质量发展的主旋律。三是公共文化服务供给方式更加多元。重点是推动公共文化服务实现更加广泛、深入的社会化发展，既包括引导和鼓励更多社会力量参与公共文化服务，也包括有更多人民群众自我创造、自我表现的公共文化服务，政府、市场、社会共同参与的公共文化服务格局进一步走向完善。四是公共文化数字化网络化智能化发展取得新进展。这是公共文化服务扩大覆盖面、增强实效性的时代要求。

参考文献

陈中建，倪德华，金小燕，2016. 新型职业农民素质能力与责任担当［M］. 北京：中国农业科学技术出版社.

韩一军，赵霞，2021. 乡村振兴政策与实践［M］. 北京：中国农业出版社.

郝建强，2015. 农产品质量安全［M］. 北京：中国农业科学技术出版社.

黄鹂，2013. 绿色农业发展简论［M］. 武汉：湖北人民出版社.

刘凤英，王朝武，傅莉辉，2019. 新型农业经营主体带头人［M］. 北京：中国农业科学技术出版社.

马书烈，廖德平，2015. 新型农业经营主体素质提升读本［M］. 北京：中国农业科学技术出版社.

齐亚菲，2017. 农业产业化发展读本［M］. 北京：中国建材工业出版社.

袁海平，顾益康，李震华，2017. 新型职业农民素质培育概论［M］. 北京：中国林业出版社.

张勇，2019.《乡村振兴战略规划（2018—2022年）》辅导读本［M］. 北京：中国计划出版社.

重庆市农业广播电视学校组，2016. 新型职业农民综合素质读本［M］. 北京：中国农业出版社.